Barbara Hennings / Gisela Niemöller

Ermutigen statt kritisieren

Das Buch

Jede Erziehung setzt eine gute Beziehung voraus, die beständiger Pflege bedarf. In diesem ermutigenden Erziehungsratgeber erzählen Teilnehmerinnen und Teilnehmer von den Fortschritten und Erfolgen, die sie in ihren Familien mit den Prinzipien von *Rudolf Dreikurs* gemacht haben, nachdem sie Kurse im Institut besucht hatten. Leserinnen und Leser nehmen so Teil an diesem aufbauenden Kursprogramm und werden in die Lage versetzt, ihr eigenes Verhalten im Umgang mit den Kindern zu überprüfen und einzuüben nach den Regeln der Ermutigung. Sie lernen konkrete Verhaltensweisen, vor allem aber auch die richtige innere Haltung und Einstellung. Erst wenn das Denken und die Einstellung dem Kind gegenüber stimmt, können Gefühl und Verhalten sich positiv entfalten. Die Leserinnen und Leser schauen zu, wie es ohne Bestrafen, Schimpfen und Predigen geht, wie man respektvoll mit Kindern spricht, aus Machtkämpfen aussteigt, natürliche und logische Folgen eintreten lässt, aufmerksam zuhört, Fortschritte anerkennt, humorvoll bleibt und auch den körperlichen Kontakt nicht zu kurz kommen lässt. So gewinnen sie Mut, das eigene Verhalten den Kindern gegenüber zu pflegen und zu verbessern.

Die Autorinnen

Barbara Hennings, Jg. 1942, Encouraging-Trainerin seit 1998 am ADI, Studium der Sozialwissenschaften (Oxford) und der englischen Literatur (Cambridge). Mutter von vier erwachsenen Kindern. Heute in der Erwachsenenbildung tätig.

Gisela Niemöller, Jg. 1957, Encouraging-Trainerin seit 2002, Studium der Erziehungswissenschaft, Germanistik, Anglistik. Mutter von zwei Kindern. Heute in der Erwachsenenbildung tätig.

Barbara Hennings / Gisela Niemöller

Ermutigen statt kritisieren

Ein Elternratgeber nach Rudolf Dreikurs

Vorwort von Theo Schoenaker

HERDER

FREIBURG · BASEL · WIEN

HERDER spektrum Band 5855

MIX
Papier aus verantwortungsvollen Quellen
FSC® C083411
FSC
www.fsc.org

Originalausgabe

6. Auflage 2014

www.herder.de

Umschlagkonzeption und -gestaltung:
R·M·E Roland Eschlbeck / Liana Tuchel
Umschlagmotiv: © Mauritius

Satz: Rudolf Kempf, Emmendingen
Herstellung: CPI books GmbH, Leck

Printed in Germany

ISBN 978-3-451-05855-4

Inhalt

Vorwort von Theo Schoenaker

Glauben an eine Gesellschaft, in der selbstbewusste Menschen in allen Angelegenheiten auf Augenhöhe miteinander beraten, in der Ermutigung und Gemeinschaftsgefühl gelebte Werte sind, das können Menschen, die Rudolf Dreikurs' Erziehungsmethoden und das Encouraging-Elterntraining Schoenaker-Konzept® kennen gelernt haben.

Es geht dabei um ein Training, in dem Gruppen von etwa 10 bis 20 Eltern Schritt für Schritt lernen, ihre Kinder zu selbstbewussten, ermutigten und ermutigenden Menschen wachsen zu lassen.

In einer Gruppe kann man soviel mehr lernen als in Einzelberatungen. Rudolf Dreikurs war davon so sehr durchdrungen und hat dafür so sehr gearbeitet, dass man nach seinem Tod in Nord-Amerika 20.000 Zentren zählte, in denen Eltern seine Erziehungsmethoden üben konnten. Ich denke gerne an den Moment zurück, in dem wir pünktlich zu einer Sitzung zusammengekommen waren und er nicht da war. Auf die Frage: „Wo ist Rudolf?" antwortete seine Frau Tee strahlend: „Er hat bestimmt im Aufzug einige Leute getroffen und bildet jetzt eine Studiengruppe."

Das vorliegende Buch zeigt die Wirkung eines zeitgemäßen Trainings. Die Autorinnen schöpfen aus eigener Erfahrung. Daher die Sicherheit und die Begeisterung.

Dies ist ein nützliches Buch.

Theo Schoenaker

Worum es geht

Noch ein Erziehungsratgeber? Nein! Zumindest keiner der üblichen Art. Vielmehr werden hier Leserinnen und Leser eingeladen, einen Blick zu tun auf das Miteinander in Familien, auf Mütter und Väter und auch Großeltern, wie sie gelernt haben, respektvoll mit ihren Kindern umzugehen. Gleichsam wie Großaufnahmen werden einzelne Szenen dargestellt, wie wir sie alle aus dem Alltag kennen.

Nur dass wir häufig am Ende anders da stehen als diese Familien hier: Streit, Geschrei, Wut, Tränen und schlechte Stimmung haben uns dann wieder eingeholt. Genau das passiert in den hier zusammengetragenen Beispielen nicht.

Dabei sind es ganz normale Eltern und Großeltern aus unserer Zeit und aus unserer Gesellschaft, die uns mit ihren Berichten gewissermaßen Zutritt in das Innere ihrer Familien gewähren: Mütter, die Erwerbstätigkeit und Familie managen; eine Großmutter, die in die Tagesmutterrolle schlüpft; ein allein erziehender Vater; Familienfrauen, die sich eine Zeit lang im Wesentlichen auf die Kinderbetreuung konzentrieren. Nichts ist gestellt, alles direkt aus der Realität gegriffen und von den Beteiligten selbst erzählt.

Wir dürfen Zeugen sein, wie sie die Alltagsherausforderungen mit ihren Kleinkindern, Schulkindern, ja sogar jungen Erwachsenen anders angehen und dadurch ein besseres Klima schaffen. Ein Klima, in dem Eltern wie Kinder sich wohl fühlen und deshalb auch anders miteinander umgehen.

Es ist das Klima der **Ermutigung**, und es sind die Erwachsenen, die es erst einmal schaffen. Sie haben sich auf den Weg gemacht, die Umsetzung **zu üben**. Denn ein Klima der Ermutigung kann man nicht einfach per Knopfdruck herstellen: Ermutigung will geübt sein!

Die Berichte zeigen nicht das bestmögliche Verhalten angesichts der jeweiligen Situation, sondern das, was der Mutter, dem Vater oder der Großmutter zu diesem Zeitpunkt möglich war.

Auch die beteiligten Kinder sind ganz ‚normale' Kinder: Sie sind Einzel- oder Geschwisterkinder, Zwillinge; haben Erfahrung mit einer Trennung der Eltern; einige leben mit Behinderungen, anderen ist das ADHS-Syndrom bescheinigt; schließlich umspannen sie die Altersphasen vom Spracherwerb bis zum Studium.

Eben diese Normalität aller Beteiligten, so hoffen wir, wirkt wiederum ermutigend auf Sie als Leserinnen und Leser, und löst in Ihnen den Gedanken aus: ‚Wenn andere Eltern diese guten Erfahrungen machen mit **ermutigendem Umgang in der Familie**, dann schaffe ich das auch!'

Was ist Ermutigung?

Wenn man die Frage stellt: Wie verhalten sich Menschen, zu denen Kinder sich hingezogen fühlen, von denen sie bereit sind, Neues anzunehmen oder denen sie sich mit ihren Sorgen und Nöten anvertrauen? Dann kommen immer wieder ähnliche Antworten, egal wie viele Leute man fragt. Und zwar:

Das sind Menschen, die
- die Kinder **freundlich anschauen**
- mit einer **freundlichen Stimme** mit ihnen sprechen
- **Interesse** für sie und ihre Interessen haben
- **geduldig** sind
- ihnen **aufmerksam zuhören**
- ihre **Versuche und Fortschritte anerkennen**
- das **Gute** in ihnen **sehen**
- **freundlich und fest** die Richtung bestimmen
- **Körpernähe herstellen**
- **Humor** zeigen
- **die sicher und überlegt handeln**

- **ohne zu** nörgeln, zu meckern, herum zu kritisieren
- **ohne** die Kinder zu belehren oder sie zu vergleichen

Genau diese Verhaltensweisen haben die Erwachsenen, die zu diesem Buch beigetragen haben, systematisch geübt, denn sie schaffen ein Klima der Ermutigung.

Ob das wirklich so ist, zeigt sich an der **Wirkung.**

> Denn auf die Wirkung kommt es bei Ermutigung an – nicht auf die Absicht!

Alle Eltern wollen gute Eltern sein. Sie wollen das Beste für Ihr Kind. Auch wenn sie als Erwachsene besserwisserisch auftreten, drohen oder strafen, haben sie gute Absichten: Ihr Kind soll sich an Regeln gewöhnen, seine schulischen Leistungen voranbringen, gutes Sozialverhalten zeigen. Ihre Erfahrung zeigt ihnen aber, dass die Methoden des Schimpfens, Strafens, Belehrens und Drohens langfristig nicht funktionieren.

Was ist das Beste für ein Kind?

„Zwei Dinge sollen Kinder von ihren Eltern bekommen: Wurzeln und Flügel."
(Goethe zugeschrieben)

Wurzeln wachsen durch die Geborgenheit, das Urvertrauen, die Nestwärme, die Eltern geben, und die das Wachstum und Lernen erst ermöglichen. Zu den Flügeln gehören die Fähigkeiten und Fertigkeiten, das Leben gut zu meistern. Beiden gemeinsam ist ein **gutes Selbstwertgefühl**. Die Grundlagen für Wurzeln und Flügel legen erst mal die Eltern und die Menschen, die den Kindern am nächsten sind. Wurzeln geben die Beziehungsqualitäten, die die Eltern im Buch geübt haben. Flügel wachsen den Kindern durch die Instrumente der individualpsychologischen Kindererziehung, die die Eltern anwenden.

Zu den **Wurzeln** des Kindes gehört das tief empfundene Gefühl: So wie ich bin, bin ich gut genug. Ich bin hier in der Familie angenommen, so wie ich bin. Ich habe meinen Platz. Ich gehöre dazu und bin wichtig, auch wenn ich Fehler mache, auch wenn ich mich durch ein Verhalten mal schuldig mache. Dann muss ich mein Verhalten ändern, aber als Person bin ich trotzdem wertvoll und liebenswert. Dieses feste Vertrauen darf ich haben und werde darin nicht enttäuscht.

Deshalb können wir auch anders formulieren:

Ermutigen bedeutet, das **Zugehörigkeitsgefühl** eines Kindes zu stärken.

Jedes Kind möchte sich zugehörig fühlen

Mutter schneidet sich die Zehennägel, die zweijährige Susanne schaut interessiert zu. Mutter schimpft vor sich hin: „Wenn das so weiter geht, brauche ich eine Zange." Susanne verschwindet und bringt Mutter die Würstchenzange aus der Küche.

Mutter hängt im Garten Wäsche auf. Der zweijährige Valentin reicht ihr die Stücke. „Nein, das nicht, das gehört in den Trockner", sagt Mutter. Sie merkt kaum, dass Valentin verschwindet. Als sie fertig ist, liegt das Stück im Trockner.
(Eltern berichten)

Wir Menschen sind soziale Wesen und brauchen andere Menschen. Deshalb ist das ‚Gemeinschaftsgefühl' (Adler) eine angeborene Fähigkeit, die es aber zu entwickeln gilt. Das geschieht am besten, wenn Kinder sich zugehörig fühlen und auf gute Art beitragen können.

Valentin und Susanne fühlen sich zugehörig und machen mit. Alle Kinder möchten sich zugehörig fühlen, wichtig sein, ihren Platz haben in der Familie, der Kindergartengruppe, der Schulklasse. Sie denken mit, und helfen mit – wenn sie dürfen! Leider geht das manchmal schief.

Das Baby schläft im Kinderzimmer. Der zweijährige Jens spielt mit seinen Autos. Mutter, in der Küche, hört das Baby schreien und schaut nach. Die Autos liegen im Bettchen, das Baby hat eine Schramme im Gesicht.

Eine kritische Situation. Was hat der ‚große' Bruder gemacht? Das Baby, das ihn störte, mit Autos beworfen? Oder dem Baby, das sich langweilte, Autos zum Spielen gereicht? Die Reaktion der Mutter wird Weichen stellen. Nimmt sie das Gute an, erklärt dem ‚großen' Jens, dass das Baby zu klein ist für die Autos, und macht die Sache nicht so wichtig, lässt ihn aber beim Wickeln und Eincremen mitmachen, wird sich ‚der Große' als Helfer fühlen. Sein durch die Geburt des Babys verunsichertes Zugehörigkeitsgefühl wird sich langsam wieder herstellen.

Wird Mutter schimpfen und strafen, das ‚Vergehen' wichtig machen, wird der ‚Große' lernen, dass er Aufmerksamkeit erhält, und Zuwendung erfährt, wenn er das Baby zum Weinen bringt. Auch wenn Mutter schimpft, ist das für ihn besser als übersehen zu werden. Sein positives Beitragen wird sich in negatives wandeln. Gerade Erstgeborene, auf die sich die Aufmerksamkeit der ganzen Familie zu konzentrieren pflegte, fühlen sich aus dem Gleichgewicht geworfen, wenn das zweite Kind geboren wird. Die Kronprinzen und -prinzessinnen sind entthront. Das ist schwer zu verarbeiten.

Wir sehen: Eltern haben einen großen Einfluss auf das Verhalten der Kinder. Kinder sind nicht wie CD-Rohlinge, die wir einmal brennen, oder Münzen, die geprägt werden. Sie entwickeln sich, indem sie auf die Erwachsenen reagieren – und die Erwachsenen reagieren auf das Verhalten der Kinder. In dieser ständigen Wechselbeziehung finden Entwicklung und Wachstum statt.

Sehr oft können Eltern nichts dafür, dass Kinder das Zugehörigkeitsgefühl verlieren! Niemand ist schuld, wenn die Mutter krank wird, und das Kind von einer Aushilfe betreut werden muss. Niemand ist schuld, wenn ein Baby geboren wird und das ältere Kind sich zurückgesetzt fühlt. Niemand ist schuld, wenn unsere Kinder sich durch Umzug, Schulwechsel, Tod in der Familie, Arbeitslosigkeit, Wegzug von Freunden, Trennung der Eltern, also das ganz normale Leben, verunsichert und nicht mehr zugehörig fühlen. Den Erwachsenen geht es ja auch so. Auch sie fühlen sich verunsichert, belastet, haben mehr Arbeit als normal. Auch ihr Zugehörigkeitsgefühl ist manchmal wackelig.

Ermutigung in der Familie, für den Partner, die Partnerin und die Kinder, wird allen helfen, sich wieder wohler zu fühlen.

Was die Erwachsenen in ihren Beispielen berichten, zielt darauf ab, das Zugehörigkeitsgefühl zu stärken. Wenn Kinder sich zugehörig fühlen, wollen sie sich von ganz allein sinnvoll in die Gemeinschaft einbringen und ihren Teil nach ihren Möglichkeiten beitragen, damit das Miteinander funktioniert. Das ist dann die spürbare Auswirkung von Ermutigung.

Denn ein ‚sattes' Zugehörigkeitsgefühl macht ein Kind nicht etwa träge oder ‚übermütig', sondern im Gegenteil aufgeschlossen, motiviert, lern- und unternehmungsfreudig. Das Gefühl haben zu dürfen: Ich bin schon gut genug – aber ich darf alles, was noch in mir steckt, entwickeln, setzt wunderbare Kräfte im Kind frei. Mut eben.

Das ist das Wesen der Ermutigung: Sie lässt das Potenzial, das in einem Menschen steckt, wachsen. Mit Ermutigung entwickeln Kinder sich besser und schneller, sie lernen leichter und freudiger, sie entdecken ihre Fähigkeiten und nutzen sie.

Das Klima der Ermutigung

Das Kind braucht dauernd Ermutigung.
Es braucht Ermutigung, wie eine Pflanze das Wasser braucht.
(Dreikurs)

In einem Klima der Ermutigung geht es um die Qualität der Beziehung zwischen den Erwachsenen und den Kindern. Je mehr die von **Gleichwertigkeit** geprägt ist, und von der Grundannahme:

du hast Bedürfnisse – und ich habe Bedürfnisse
du hast Gefühle – und ich habe Gefühle
du hast Rechte – und ich habe Rechte
du hast Pflichten – und ich habe Pflichten

umso mehr bestimmen gegenseitiger Respekt, gegenseitige Achtung und Höflichkeit die Atmosphäre und den Umgang. Umso friedlicher gelingt das Zusammensein, umso entspannter und freudvoller erleben die Erwachsenen das Miteinander, umso besser entwickeln sich die Kinder. Die Mutter unterbricht das versunkene Spiel der Dreijährigen nicht unbedacht, der Vater klopft beim 13-Jährigen an. Durch das Vorbild lernt die Dreijährige, auch Mutters Mittagsschlaf zu respektieren, und der Teenager ist bereit, die Lautstärke seiner Musik runterzudrehen, wenn der Vater freundlich darum bittet.

Ermutigend wirkt, wenn Erwachsene den Kindern vorleben, dass sie auch untereinander respektvoll umgehen. Selbstrespekt gehört dazu. Eltern dürfen und sollen auch Ihre eigenen Wünsche und Bedürfnisse deutlich aussprechen:

‚Ich akzeptiere nicht, dass mein Tulpenbeet zertrampelt wird.‘
‚Ab 20 Uhr ist Elternzeit.‘

Auf das Wie kommt es an! Wir sollen mit unseren Kindern umgehen wie mit unseren besten Freunden, höflich und mit Wertschätzung.

Die Qualität unserer Beziehungen lebt vom Tun, von unserem Verhalten.

Aber hinter diesem Verhalten steckt noch mehr, unsere innere Haltung.

Wollen wir die Beziehung zwischen uns und unseren Kindern verbessern, müssen wir sowohl an unserem Verhalten als auch an unserer inneren Haltung arbeiten.

Unser Verhalten kann die innere Haltung beeinflussen. Das können Sie mit dem alltäglichsten aller Mittel ausprobieren: Ihrer Stimme. Versuchen Sie einmal, in einer Situation der Anspannung und Gereiztheit mit ihren Kindern ihre Stimme trotzdem ruhig und freundlich zu halten. Sie werden merken, wie ihre Stimmung (nicht zufällig derselbe Wortstamm) dadurch ebenfalls ruhiger und freundlicher bleibt. Mit dieser Stimmung wiederum sind Sie weit besser in der Lage, den Herausforderungen der Kinder ruhig und freundlich zu begegnen.

Die Haltung hinter dem Verhalten üben Instrumente wie **Trennung zwischen Person und Verhalten**, **Vier Schritte zur Klärung der Beziehung** und **Drei Schritte zur Wiedergutmachung**, ganz besonders aber das fundamentale **Denken in Zuneigung**.

Erwachsene, die **Gleichwertigkeit** praktizieren lernen, werden für Kinder zu eben jenen ermutigenden Menschen, zu denen sie sich hingezogen fühlen. Solchen Partnern gegenüber legen Kinder Fehlverhalten schon ein Stück weit ganz von allein ab. Es erübrigt sich einfach für sie.

Dann erübrigen sich auf der Elternseite auch so genannte ‚Erziehungsmaßnahmen', die wir bisher für unverzichtbar gehalten haben im Umgang mit heranwachsenden Menschen: schimpfen, drohen, strafen – ebenso wie belohnen. Denn gleichwertige Menschen belohnen und bestrafen einander nicht.

Sie nehmen aber aufrichtig **Anteil** aneinander, freuen sich mit über Erfolge, z. B. bei der Eins in Mathematik: „Ich bin glücklich, wie leicht du lernst und mit Zahlen umgehen kannst (oder: „wie hart du gearbeitet hast, um dieses Ziel zu erreichen")." Vielleicht genießt man aus Freude zusammen ein Eis. Und wenn etwas schief geht, lenken sie den Blick auf das – dennoch – Gute bei Misserfolgen und Fehlschlägen, und vermitteln: ‚Ich glaube trotz allem an dich'. Ein Kind braucht das feste Vertrauen der Eltern in seine Fähigkeiten – und ihre Zuversicht, dass es seinen Weg schon machen wird.

Das tief sitzende Bedürfnis nach Mitdenken, Mitreden und Mitentscheiden macht sich der **Familienrat** zunutze, indem er systematisch die Jüngeren in Planungen einbezieht, die oft über ihre

Köpfe hinweg stattfinden. Kinder, die sich dergestalt wahrgenommen und ernstgenommen fühlen, bekommen jedes Mal einen großen Schub Ermutigung mit. Garant dafür sind die Gesprächsregeln: Jeder darf in diesem Rahmen unzensiert sprechen, niemand macht Vorwürfe, jeder spricht höflich und jeder hört dem anderen bis zum Ende zu.

Wer von Mitmenschen solchen Umgang erfährt, mobilisiert sein Bestes, das gilt für Kinder wie für Erwachsene. Und mehr als sein jeweils Bestes kann ein Mensch sowieso nicht geben. Vergleiche mit anderen Kindern oder abstrakte Zielvorgaben (was ‚man' eigentlich alles wissen, können, tun müsste) wirken dagegen sehr entmutigend.

Stör- und Fehlverhalten von Kindern, das Eltern so herausfordert, ist nichts anderes als Ausdruck von Entmutigung!

Gerade, wenn Kinder uns nerven oder ständig mit uns kämpfen, ist es für uns Erwachsene so wichtig, das kindliche Verhalten richtig zu verstehen. Denn dann sind die Kinder auf der Suche nach jenem **Zugehörigkeitsgefühl**, das wir oben beschrieben haben. Nur haben sie sich leider eine falsche Meinung gebildet, wie sie Zugehörigkeit erreichen können. Aufgabe der Erwachsenen ist es, das zu erkennen und zu beherzigen, was auch immer das Kind tut. Hier sind wir Älteren in der Bringschuld: Wir haben die Weichen in die richtige Richtung zu stellen durch unser überlegtes, einfühlsames Reagieren. Dazu gehört die Kenntnis über die **‚irrtümlichen Nahziele'** (Dreikurs) oder **Notlösungen** des Kindes.

Es ist wichtig zu unterscheiden, ob ein Kind quengelt und stört, weil es übermüdet ist, eine Krankheit ausbrütet, Kummer hat oder sich langweilt, oder ob es seinen Launen nachgibt oder sich in eine Notlösung verstrickt hat. Das übermüdete Kind braucht Schlaf. Das Kind, das in der ersten Entmutigungsstufe steckt, braucht unsere gezielte Aufmerksamkeit, wenn es sich gut benimmt. Das Störverhalten wird am besten ignoriert.

Kinder brauchen unsere Zuwendung und unsere Zeit. Kinder setzen Zeit mit Liebe gleich! Dabei ist die Qualität der gemeinsam verbrachten Zeit wichtiger als die Dauer. Ein gemeinsames Spiel mit Lachen und Freude schafft Beziehung und Zugehörigkeit, auch wenn es nur zwanzig Minuten dauert. Ein liebloser gemeinsamer Nachmittag mit gereizter Stimmung und viel Schimpfen ist Entmutigung. Bekommen die Kinder unsere Zeit nicht freiwillig und auf positive Weise, werden sie sich die Zeit nehmen, indem sie Verhaltensweisen entwickeln, die die Erwachsenen dazu zwingen, sich mit ihnen zu beschäftigen.

Nerven, kämpfen, verletzen und dumm stellen – die Notlösungen des Kindes

Alle Menschen handeln entsprechend ihrer subjektiven Einschätzung einer Situation!

So geht es Kindern auch. Sie gehören zwar objektiv dazu – zur Familie, zur Kindergartengruppe oder zur Klasse – aber manchmal geht ihnen das Zugehörigkeitsgefühl verloren. Sie *fühlen* sich nicht mehr zugehörig, und handeln, als ob sie dächten, die Eltern liebten sie nicht mehr und wollten sie nicht mehr haben. Solche Gefühle tun sehr weh!

Kinder möchten ihren Platz haben, mitdenken und beitragen. Manchmal entwickeln sie eine falsche Überzeugung davon, wie sie in ihrer Familie wichtig sein, Gefallen finden oder beitragen können. Wenn sie glauben, dass die Eltern sie nicht (mehr) lieben, oder weniger lieben als die Geschwister, wenn sie sich unerwünscht fühlen, verstricken sie sich in **Notlösungen.** Wir nennen sie Notlösungen, weil das Kind in Not ist. Dreikurs spricht von den vier ‚irrtümlichen Nahzielen', weil das Kind eine irrtümliche Meinung davon hat, wie es sein Ziel, sich zugehörig zu fühlen, erreichen kann. Man könnte sie auch **Entmutigungsstufen** nennen. Eltern können ihren Kindern helfen, aus diesen Notlösungen wieder herauszufinden. Dazu müssen sie sie durchschauen.

Das einfachste Mittel ist, das **eigene Gefühl** und **spontan auftretende Gedanken** wahrzunehmen:

Entmutigungsstufe 1: ‚Nimm mich wahr!'	
Irrtümliche Meinung des Kindes	‚Ich glaube, ich gehöre hier nur dazu, wenn ich ununterbrochen Beachtung finde.'
Das Kind möchte eigentlich	beteiligt sein, sich wichtig fühlen, spüren, dass es einen Platz hat.
Seine Notlösung	**Aufmerksamkeit** bekommen. Auch negative Aufmerksamkeit durch Schimpfen und Strafen nimmt es in Kauf.
Die Erwachsenen ärgern sich, fühlen sich genervt	
Sie können	das Störverhalten ignorieren; Aufmerksamkeit geben für gutes Verhalten; Verantwortung übertragen; Aufgaben geben; freundlich und fest bleiben.
Entmutigungsstufe 2: ‚Jetzt gerade'	
Irrtümliche Meinung des Kindes	Ich glaube, ich gehöre hier nur dazu, wenn ich stärker bin als die Erwachsenen, wenn ich der Boss bin, wenn ich die anderen durch Worte oder Verhalten wie trödeln oder Wutanfälle provozieren kann.
Das Kind möchte eigentlich	Selbstständigkeit, Freiraum, sinnvoll beitragen.
Seine Notlösung	**Rebellion**. Die Eltern in **Machtkämpfe** verwickeln.
Die Erwachsenen fühlen sich provoziert, in ihrer Autorität in Frage gestellt.	
Sie können	aus Machtkämpfen aussteigen; sich nicht provozieren lassen; dem Kind Verantwortung übertragen; freundlich und fest bleiben.
Entmutigungsstufe 3: ‚Das sollt ihr büßen'	
Irrtümliche Meinung des Kindes	Ich glaube ich gehöre nur dazu, wenn ich anderen so sehr wehtun kann, wie sie mir wehgetan haben.
Das Kind möchte eigentlich	Gerechtigkeit.
Seine Notlösung	**Rache,** Vergeltung für erlittenen Schmerz und empfundene Ungerechtigkeiten.

Die Erwachsenen fühlen sich verletzt oder blamiert. Sie denken: ‚So ein bösartiges Kind! Wie kann es mir (oder andern) so etwas antun.'	
Sie können	das Verhalten nicht persönlich nehmen; intensiv auf der Beziehungsebene arbeiten; individualpsychologische Erziehungsberatung aufsuchen; freundlich und fest bleiben.
Entmutigungsstufe 4: ‚Hoffentlich merkt niemand, wie unfähig ich bin'	
Irrtümliche Meinung des Kindes	Ich glaube, ich kann hier überhaupt nichts beitragen. Ich bin total unfähig. Ich gebe auf.
Das Kind möchte eigentlich	kompetent sein, an sich selber glauben.
Seine Notlösung	Rückzug in scheinbare Unfähigkeit
Die Erwachsenen fühlen sich hilflos. Sie denken: ‚Was soll ich mit dem Kind bloß noch machen?'	
Sie können	die kleinsten Fortschritte anerkennen; das Kind möglichst non-verbal ermutigen; ihm in vielen kleinen Schritten zu einem anderen Selbstbild verhelfen; es anlernen; kein Mitleid geben, Zuversicht zeigen; freundlich und fest bleiben.

Ein Kind, das sich in eine Notlösung verstrickt, handelt **unbewusst**.

Es ist nicht böse, sondern entmutigt. Es hat den Glauben verloren, dass es sein Ziel, wichtig und angenommen zu sein, mit positiven Mitteln erreichen kann.

Es braucht vor allem Zuwendung, Verständnis und Ermutigung, auch wenn es den Eindruck erweckt, dass es den Erwachsenen gegenüber gleichgültig oder gar feindselig eingestellt ist. Die Zuwendung, Anerkennung und Bestätigung sollte es für alles erhalten, was es gut macht, und nicht über das negative Verhalten.

Für diese kritischen Momente gibt es Instrumente wie **Abkühlungsphase, Rückzug aus einem Machtkampf**, **Unerwartetes**

tun und **eingeschränkte Wahlmöglichkeiten** sowie **natürliche und logische Folgen.** Mit ihnen signalisieren Eltern ihren Kindern auf ermutigende Weise: „Nein, so nicht!“ ohne dabei zu schimpfen, zu schreien und zu strafen. Stattdessen handeln sie mit **Respekt für sich selbst und für die Kinder**. Das ist schwer! Wer jedoch einmal aus einer solchen kritischen Situationen mit Würde, tiefem Ausatmen und zunehmender Gelassenheit herausgefunden hat, möchte solche Erfolgserlebnisse immer wieder haben! Und die Kinder lernen neues Verhalten, indem sie neue Erfahrungen machen, ohne klein beigeben zu müssen, und ohne sich blamiert zu fühlen. Das lässt sie wachsen und selber Verantwortung übernehmen.

Gleichwertigkeit

Gleichwertigkeit und Gleichberechtigung werden oft verwechselt. Es sind aber zwei verschiedene Konzepte.

Die **Gleichwertigkeit** bezieht sich auf die Person des Menschen. Alle Menschen, also auch unsere Kinder, haben ein Recht darauf, dass ihre Bedürfnisse respektiert werden, dass sie mit Höflichkeit und Achtung behandelt werden, dass sie weder geschlagen noch beschimpft noch erniedrigt werden. Dieses Recht ist im deutschen Grundgesetz verankert: „Die Würde des Menschen ist unantastbar.“ Alle Menschen sind gleichwertig, egal ob sie Kinder sind oder Greise, Mann oder Frau, krank oder gesund, arm oder reich, und egal was für eine Hautfarbe oder Nationalität sie haben.

Die **Gleichberechtigung** bezieht sich auf die Rolle des Menschen in der Gesellschaft. Alle Erwachsenen sind vor dem Gesetz gleich. Kinder und Heranwachsende werden besonders geschützt. Rechte gehen immer mit Pflichten einher. Ein Schulleiter hat andere Rechte und Pflichten als die Schüler. Ein Chef hat andere Rechte und Pflichten als der Azubi. Eltern haben andere Rechte und Pflichten als die Kinder.

Die gute Zumutung

Die größte Anregung für die Entwicklung eines Kindes besteht darin, es Erfahrungen auszusetzen, die jenseits seiner Reichweite zu liegen scheinen, es aber nicht sind.
(Dreikurs)

Kindern etwas zu-Mut-en? Genau darum geht es. Eltern machen Kindern Mut, an sich selbst und ihre Fähigkeiten zu glauben, indem sie ihnen erlauben, sie einzusetzen, sie zu üben und praktisch zu erleben. So lernen die Kinder, dass sie Flügel haben, und sie lernen, sie zu gebrauchen.

Wenn Eltern Kindern Schwierigkeiten abnehmen, Probleme für sie lösen, und ihnen Hindernisse aus dem Weg räumen, entmutigen sie sie. Auf solche Art verwöhnte Kinder lernen nicht, dass sie etwas selber können. Da Fähigkeiten nur wachsen, wenn sie geübt werden, nehmen diese wohlmeinenden Eltern den Kindern die Chance, sich weiterzuentwickeln.

Zu-Mut-ung richtig verstanden ist dagegen Ermutigung. Sie enthält die verschlüsselte Botschaft: ‚Ich glaube an dich. Du bist in meinen Augen mutig und stark genug, diese Aufgabe zu meistern oder die Folgen deines Handelns zu tragen.‘

Ein Kind, das erlebt, dass es die Zu-Mut-ung tatsächlich bewältigt, wächst jedes Mal ein Stück in seinem Können und in seinem gesunden Selbstwertgefühl. Der Mut, den nächsten Schritt zu wagen, baut sich wie von allein auf. Die Scheu und Angst vor dem Fehler machen verlieren sich. Kinder können Fehler dann als Chance erfahren, als Aha-Erlebnis: ‚So geht's nicht. Ich muss mir etwas anderes überlegen.‘

Hierzu gehören vor allem das Eintreten lassen **natürlicher und logischer Folgen** und **Verantwortung abgeben** an das Kind. Ein Übungsfeld, auf dem viele Eltern sich zunächst sehr skeptisch und misstrauisch bewegen aus dem Glauben heraus: „Ach das arme Kind! Es ist ja noch so jung! Diese Enttäuschung oder diese Frustration möchte ich ihm aber unbedingt ersparen.“

Was wir den Kindern tatsächlich unbedingt ersparen sollten, ist

Predigen vorher und das berühmte Schimpfen hinterher: „Siehst du, wusste ich's doch!" Dadurch fühlen Kinder sich bloßgestellt und erniedrigt. Am besten ziehen wir uns in Situationen der Herausforderung auf die Tribüne wohlmeinender Zuschauer zurück, die nicht ins Geschehen eingreifen (also auch nicht reden) und sich darauf verlassen: Mein Kind schafft das!

Überhaupt reden: Weniger ist mehr! Auch Ermutigung geschieht oft viel mehr durch Handeln als durch Worte. Wirklich zuhören oder kleine Gesten, ein Augenzwinkern des Einverständnisses im richtigen Moment, ein Lächeln oder eine Hand auf der Schulter ‚sagen' und bewirken oft mehr.

Was sein soll und was ist – die Sache mit den Regeln

Denken wir an Verkehrsregeln. Sie regeln den Verkehr, damit er möglichst sicher fließt. Familienregeln regeln den Umgang miteinander, damit Bedürfnisse, Rechte, Pflichten und Werte in der Gemeinschaft respektiert werden. Eltern und überhaupt Erwachsene sollen sich über deren Sinn Gedanken machen – und die Kinder und Heranwachsenden frühzeitig in die Überlegung von Regeln mit einbeziehen, denn sie haben das Bedürfnis, in der Familie wichtig zu sein, mitzureden, beizutragen und Verantwortung zu übernehmen.

In der Familie ist zu regeln, wer morgens wann und wie lang das Bad benutzt, wer die Einkäufe erledigt, wer zuständig ist für das Tisch decken, Kochen, Auftragen, Abräumen und Geschirr spülen, so dass keiner sich überarbeitet oder ausgenutzt fühlt. Auch das Saubermachen, die Gartenarbeit, Reparaturen und Renovieren wollen geregelt sein.

Regeln sind nicht jeden Tag neu verhandelbar. Die Diskutierfreudigkeit der Kinder gehört in den Familienrat. Wenn die Regeln festgelegt sind, ist es die Aufgabe der Eltern, dafür zu sorgen, dass sie eingehalten werden. Gegebenenfalls werden logische Folgen verabredet oder natürliche Folgen dürfen einfach eintreten, wenn Regeln missachtet werden.

Je kleiner die Kinder sind, desto wichtiger ist ein fester Rahmen, innerhalb dessen sie ihre Erfahrungen machen können. Das gibt ihnen Sicherheit. Wenn die Eltern freundlich und fest darauf bestehen, dass die Regeln und Grenzen eingehalten werden, zeigen sie sich als zuverlässige Partner: Das Kind weiß, woran es ist.

Auch ein geregelter Tagesrhythmus gibt Halt. Je jünger die Kinder sind, desto mehr leben sie im Augenblick. Jeden Tag zur gleichen Zeit aufstehen und zu Bett gehen, zur gleichen Zeit essen, ein festes Gute Nacht Ritual, die tägliche Ruhepause nach dem Mittagessen geben Sicherheit und Geborgenheit und helfen dem Kind, die festen Gewohnheiten zu entwickeln, die es in der Schule brauchen wird. Wenn das Kind älter wird, wird der schützende Rahmen der Regel erweitert, die Zubettgehzeit nach hinten verschoben, es darf länger draußen spielen. Ältere Geschwister dürfen mehr: das fordert die Gerechtigkeit.

Durch die Familienregeln lernen Kinder auch: Verschiedene Gemeinschaften leben unterschiedlich. Die eine Familie erlaubt grundsätzlich kein Essen und kein Malen mit Wasserfarbe im Kinderzimmer (weil dort Teppichboden liegt). Die andere erlaubt beides, weil der Korkboden alles toleriert. Dafür gilt dort bei Tisch: Keiner steht auf, ehe nicht alle fertig sind mit essen.

Kinder führen ihre Freunde gern und selbstverständlich in die Regeln ihrer Familie ein („du musst hier im Flur die Schuhe ausziehen“), weil damit auch ein Wir-Gefühl verbunden ist: So sind wir, so ist das bei uns.

In vielen Familien gibt es Regeln, die eingehalten werden sollten, aber nicht eingehalten werden. Dabei gilt:

Eine Regel ist, was regelmäßig passiert!

Beispiel: Die Soll-Regel lautet: Die Kinder räumen den Tisch ab.
Die Ist-Regel lautet: Mama schimpft und räumt den Tisch ab.

In diesem Fall ist die Regel:

Die Kinder ignorieren ihre Mutter und die Abmachung z.B.

des Familienrats. Die Mutter tut die Arbeit, mit Schimpfen und Jammern.

Die Kinder lernen daraus:

Wir können tun, was uns am besten behagt. Mütter braucht man nicht ernst zu nehmen. Mütter tun die Arbeit. Mütter schimpfen und jammern. Abmachungen kann man ignorieren.

Wundern wir uns, wenn Kinder dann auch andere Regeln ignorieren? Zum Beispiel, dass Hausaufgaben gemacht werden sollen?

Wir sollten nicht überregulieren! 5 bis 6 Regeln zu einer Zeit, nicht mehr. Sie sollen Orientierung geben, keine Fallstricke werden. Regeln ergeben sich aus den Bedürfnissen der Gemeinschaft und ihrer Mitglieder. Ein jung gepflanzter Baum braucht einen starken Pflock zur ersten Stütze. Irgendwann wird der überflüssig, aber die groß gewordene Baumkrone braucht den ersten Schnitt. Alles zu seiner Zeit!

Haben Sie Mut zur Unvollkommenheit

Genau wie ihre Kinder, möchten Eltern alles gut machen. Sie möchten liebevolle Eltern sein, die ihren Kindern das nie antun, unter dem sie selber durch die eigenen Eltern manchmal gelitten haben. Sie wollen immer geduldig sein, freundlich, zugewandt, sie wollen Zeit für die Kinder haben und ihnen das wichtige Urvertrauen und die nötigen Fähigkeiten mitgeben, damit sie später im Leben gut zurechtkommen, im Beruf erfolgreich sind, und beziehungsfähige, teamfähige, sozial kompetente Erwachsene werden.

Eltern möchten ihre Kinder fördern, damit sie gut in der Schule sind, weil sie wissen, wie wichtig Bildung für das Berufsleben ist. Sie möchten den eigenen Eltern beweisen, wie gut sie ihre Kinder erziehen können, denn immer noch – auch wenn sie längst erwachsen sind – fühlen sie sich dem kritischen Auge der eigenen Eltern ausgesetzt. Wenn die Kinder sich schlecht benehmen, gilt oft der erste Gedanke den Zeugen dieses Verhaltens, und was die nun von uns denken. Solche Gedanken schaffen Druck. Eltern sein ist schwer genug. Es ist besser, wenn wir uns nicht noch selber Druck machen! Deshalb brauchen wir den Mut zur Unvollkommenheit.

Dreikurs spricht davon, dass alles, was wir brauchen, Mut ist, nämlich den Mut zu akzeptieren, dass wir als Menschen zwar nach Vervollkommnung streben – das gehört zum menschlichen Wesen – aber dieses Ideal nie erreichen werden. Perfektion ist für Menschen nicht zu erreichen! Aber wir können die Dinge so gut machen, wie wir es jetzt eben können. **Indem wir etwas ausprobieren, üben wir es**. Das, was wir tun, üben wir. Wenn wir schlechte Laune haben, üben wir, schlechte Laune zu haben. Wenn wir probieren freundlich und fest zu sein, üben wir das. **Und wenn wir etwas üben, werden wir darin immer besser**. Kinder fallen oft hin, bevor sie richtig laufen können! Auch Eltern scheitern oft, wenn sie die neuen Beziehungsqualitäten üben. Das ist kein Grund, sich schlecht zu fühlen oder aufzugeben, oder die Methoden zu verdammen, sondern ein Grund, weiter zu üben! Schon die Tatsache, dass unser Scheitern uns bewusst wird, ist ein Fortschritt. Beim nächsten Mal wird es besser gehen.

Auch die Eltern, deren Berichte Sie hier lesen und denen Sie beim Üben zusehen, sind unvollkommen. Sie zeigen uns die Lösungen, die ihnen während der Ausbildung zum Encouraging-Trainer bzw. -Trainerin oder zum Encouraging-Trainer für Eltern richtig erschienen. Manche sind bald über diese Lösungen hinausgewachsen:

Es war „wirklich aufschlussreich“, sagt eine Mutter, „die alten Berichte zu lesen und zu erkennen: Was ich damals als gelungen empfunden habe, ist heute bereits überholt. Ich habe damals mein Bestes gegeben und bin heute glücklich über die Entwicklung, die ich durch das Training gemacht habe.“

Wie dieses Buch entstand

Die Leute, die diese Berichte schrieben, haben alle im Adler Dreikurs Institut die zweijährige Ausbildung zum Encouraging-Trainer oder zur -Trainerin für das Schoenaker Konzept® absolviert.

Für ihre halbjährige Weiterbildung für das **Encouraging-Elterntraining Schoenaker Konzept®** haben sie Beziehungsqualitäten und Methoden aus dem Instrumentarium der individualpsychologischen Kindererziehung geübt und Berichte darüber geschrieben. Aus diesen Berichten ist das vorliegende Buch entstanden.

Wenn Sie beim Lesen Lust bekommen, sich auf das Abenteuer Ermutigung einzulassen und das Klima der Ermutigung auch in Ihrer Familie einzuführen, dazu aber ein bisschen Unterstützung möchten, suchen Sie einfach Anschluss an ein **Encouraging-Elterntraining Schoenaker Konzept®**

(www.adler-dreikurs.de; www.vpip.de).

Aber auch andere Konzepte für Elternkurse, die dem individualpsychologischen Ansatz von Alfred Adler und Rudolf Dreikurs folgen, räumen dem Prinzip Ermutigung einen hohen Stellenwert ein. Dazu gehören Kess erziehen® und STEP-Elternkurse. ‚Starke Eltern – starke Kinder' des Deutschen Kinderschutzbundes hat einen anderen Ansatz, betont aber auch, wie wichtig Ermutigung und Beziehungsarbeit sind.

In einer Gruppe übt es sich immer leichter, mit Humor, Offenheit und viel gegenseitiger Ermutigung!

Die Berichte

Der Ton macht die Musik

„Kinder machen viel Wind,
aber du brauchst nicht dein Segel reinzuhängen!“
(Dreikurs)

Reden hat viele Funktionen. Wir unterhalten uns, wir erzählen uns unsere Erlebnisse und Erfahrungen, wir tauschen Gedanken aus, wir planen und beraten das nächste Wochenende, unsere Arbeit, wann wir den Kindern neue Hosen kaufen, wie wir einen Geburtstag feiern und ob die Kinder ein Kaninchen haben dürfen. Wir machen Witze und scherzen, wir lachen miteinander oder geben Trost. Das sind gute, fruchtbare Gespräche.

Ein großer Teil unseres Redens als Eltern jedoch ist Anweisen, Ermahnen, Drängeln, Erinnern, Schimpfen, unserem Unmut Ausdruck geben.

„Nun mach schon!“
„Trödel nicht so!“
„Wir müssen gleich los.“
„Nun zieh dich endlich an.“
„Hast du die Hausaufgaben immer noch nicht fertig?“
„Gleich werde ich sauer!“

Unsere Stimme wird schärfer und unsere Stimmung gereizter. Solches Reden sollten wir uns sparen. Das Kind stellt die Ohren auf Durchzug und nimmt nur noch den Ton und die Stimmung wahr, die es einen großen Teil des Tages umgibt. Es fühlt sich unbehaglich und abgelehnt, nicht mehr zugehörig.

Wenn Sie Anweisungen geben, rufen Sie nicht aus der Küche ins

Kinderzimmer. Nehmen Sie Blickkontakt auf, damit Sie sicher sind, dass Sie die Aufmerksamkeit Ihres Kindes haben, und sprechen Sie mit **freundlicher und fester Stimme**. Sagen Sie ihm, was Sie wollen.

„Bitte, deck jetzt den Tisch."

„Es ist Zeit fürs Bett. Bitt geh jetzt Zähne putzen."

Auf Maulen und Protest brauchen Sie nicht einzugehen. Diskussionen darum, wer wann den Tisch deckt oder wann Zubettgehzeit ist, gehören in den Familienrat.

Die Übungsaufgabe heißt hier:
Mit freundlicher Stimme sprechen

1 Erste Urlaubsnacht gerettet

Wir drei, mein Mann, unser Sohn Henry (knapp 2) und ich, fahren für ein paar Tage in Urlaub. Nachdem die Taschen ausgepackt sind und wir uns ein bisschen umgeschaut haben, essen wir gemeinsam im Restaurant zu Abend und gehen danach aufs Zimmer, um unseren Sohn ins Bett zu bringen. In seinem Reisebett schläft er schnell ein und ich bin sehr gespannt, wie die erste Nacht in fremder Umgebung verlaufen wird. Zuhause schläft er meist durch und wenn er das nicht kann, dann hat es immer einen Grund wie Zahnkummer, krank sein oder Alpträume.

Gegen Mitternacht fängt unser Kleiner zu husten an. Wir haben selbst schon bemerkt, dass die Luft im Zimmer sehr trocken ist. Ich komme nur schwer zu mir und kämpfe kurz gegen die Angst an, nun eine schlaflose Nacht vor mir zu haben und morgen beim Skifahren übermüdet zu sein. Dann aber geht mir durch den Kopf, dass ich ja selbst die Wahl habe, ob ich nun gereizt reagiere oder was Neues probiere und entschließe mich, auf meine Stimme zu achten, dass sie freundlich und beruhigend klingt. Mein Mann hat unserem Sohn inzwischen etwas zu trinken gegeben und ihn in unser Bett geholt, damit er sich beruhigen kann.

Ich drücke Henry an mich, rede leise auf ihn ein und merke schon nach ein paar Minuten, dass er ruhiger atmet und nicht mehr so häufig hustet. Meine zwei Männer dösen immer wieder für einige Augenblicke ein und auch ich fühle meinen Körper schwer werden. Nach ungefähr einer Stunde, die wir so gemeinsam hustend, flüsternd und kuschelnd im Bett verbracht haben, bitte ich meinen Mann, den Kleinen doch wieder in sein eigenes Bett zu legen, damit wir alle noch ein paar Stunden Schlaf kriegen. Meine Stimme ist freundlich und ruhig dabei.

Er steht ohne zu Murren auf und legt Henry behutsam und liebevoll in sein Bett. Ich fühle mich wohlig müde, der Klang meiner Stimme und meine ruhigen Worte haben mir selbst gut getan, und ich bin meinem Mann dankbar. Wir schlafen bis in die frühen Morgenstunden tief und fest, und weder mein Mann noch ich sind am nächsten Morgen gereizt.

2 Schwieriger Arztbesuch

Mein Sohn Moritz ($2^1/_2$) muss zum Augenarzt, um den Augenhintergrund vermessen zu lassen. Vorbereitend erhielt er starke Augentropfen, die die Pupillen erweitern, wodurch er ziemlich weinerlich wurde.

Nach einer Dreiviertelstunde Warten und Spielen mit Lego im Wartezimmer werden wir aufgerufen. Im Behandlungsstuhl auf meinem Schoß sitzend reibt Moritz sich wieder die schmerzenden Augen und möchte nicht untersucht werden. Er weint und kuschelt sich an mich, so dass auch die von der Ärztin versprochenen Gummibären nicht ziehen. Die Ärztin wird ungeduldig. Wir werden in ein angrenzendes Zimmer geführt, damit sie einen anderen Patienten behandeln kann, bis Moritz sich beruhigt hat. Ich möchte, dass wir unbedingt heute noch die Untersuchung machen, da mein Kleiner die Tropfen nicht verträgt und spüre Ungeduld und Hilflosigkeit in mir. Daraufhin atme ich tief durch, lächle mir selbst zu, tröste meinen Sohn und lenke ihn mit Fingerspielen ab, erkläre ihm aber mehrmals bewusst freundlich und fest, dass die Ärztin nur in seine Augen schauen will und ihm nicht weh tut. Er verspricht mir, dass er beim nächsten Versuch mitmacht. Ich strahle ihn an und drücke ihn.

Auf dem Weg ins Behandlungszimmer rede ich beruhigend mit Moritz. Nachdem er auf meine freundlich geäußerte Bitte ein Gummibärchen als Vorschuss bekommt, hält er ganz still und lässt seine Augen vermessen. Die Ärztin gibt ihm die restlichen Bärchen, er bedankt sich, und auch ich bekomme für meine Mühen eine kleine Packung Bärchen, für die ich mich herzlich bedanke. Mit einem fröhlichen ‚Tschüss' verabschieden wir uns. Ich fühle mich sehr erleichtert über die in guter Atmosphäre abgeschlossene Untersuchung und auch darüber, dass Moritz sich so gut von mir beruhigen lässt. Hand in Hand laufen wir zum Aufzug und lächeln uns an.

3 Ich möchte, dass du mich fragst!

Ich telefoniere gerade im Arbeitszimmer, als ich höre, wie mein Sohn Marten (3) in der Küche arbeitet. Ich höre die Besteckschublade auf und zugehen und wie Marten sich Geschirr aus dem Schrank holt. Ich ahne nichts Gutes und beende das Telefonat, um nachzuschauen, was er da gerade macht. Ich komme ins Wohnzimmer, da biegt er mit einer Schüssel Eis um die Ecke. Normalerweise würde ich jetzt schon losschimpfen. Marten sieht mich auch schon voller Erwartung an: ‚Schimpft sie oder sagt sie, es ist okay?' Ich halte mich zurück und gehe zuerst in die Küche. Was ich da sehe, überrascht mich sehr. Der Löffel, mit dem Marten sich Eis geholt hat, liegt in der Spüle, das Eis hat er ordnungsgemäß in den Gefrierschrank gestellt und die Tür wieder fest zu gemacht. Er steht immer noch mit erwartungsvollem Gesicht da. Ich sage mit freundlicher Stimme: „Mensch, Marten, das hast du sehr gut gemacht, nur das nächste Mal möchte ich, dass du mich erst fragst!" Mit erleichtertem Gesichtsausdruck, glücklich darüber, dass ich nicht geschimpft habe, sagt er: „Ja, das mache ich." Ich bin ein bisschen stolz auf mich, dass ich nicht gleich losgemeckert habe.

4 Erfolgreiche Suche

Adrian (fast 11) möchte am Nachmittag zur Bank radeln und einen Kontoauszug ausdrucken, um zu schauen, ob das Taschengeld vom Großvater angekommen ist. Er sagt mir das und ich antworte freundlich: „Ja klar, fahr nur." Kurz darauf höre ich ihn in seinem Zimmer stöhnen und vor sich hinmaulen. Ich frage ihn ruhig, warum er so stöhne? Er kann seine Scheck-Karte nicht finden! Das wuselig-genervte Herumsuchen geht weiter. Ich sage ihm ruhig, allerdings etwas besserwisserisch: „Damit habe ich, ehrlich gesagt, immer schon gerechnet, dass du deine Karte irgendwann nicht mehr findest. Sie liegt immer unter allen anderen Sachen lose herum." Adrian sucht stöhnend-grantig weiter, resigniert schon ziemlich.

Sonst habe ich mich in solchen Fällen meist mit moralisch erhobenem Zeigerfinger distanziert und für nicht zuständig erklärt: „Das ist nun dein Problem." Und dann habe ich noch ein bisschen weiter gepredigt. Am Ende haben wir uns dann gestritten.

Heute frage ich ihn freundlich: „Soll ich dir suchen helfen?" – „Ja." – Ich trete an seinen Schreibtisch, auf dem wie immer schönes Durcheinander herrscht und sehe auf einen Blick die Scheck-Karte auf der Fensterbank daneben. „Probier's doch mal mit der Karte da!" Ich zeige auf die Fensterbank. Adrian schaut hin, schlägt die Hände vors Gesicht, zwischen den Fingern sehe ich sein Grinsen über seine eigene Blindheit. Ich nehme ihn in den Arm und sage freundlich: „Freu dich einfach, dass wir sie so leicht gefunden haben." Die Stimmung ist auf beiden Seiten entspannt und gut.

Nun möchte Felix (9) auch mit. Er weiß seine Geheimzahl noch nicht und ich muss überlegen, wo wir sie hinterlegt haben. Das gestaltet sich etwas schwierig, ich mache mehrere Anläufe. Nun bin ich selbst gestresst vom Suchen, behalte aber meine freundliche Stimme und sage ruhig: „Es dauert noch ein bisschen, aber wir werden es gleich haben." Die freundliche Stimme lässt mich ruhig bleiben und verhindert, dass ich mich beim Suchen selbst blockiere, wie ich das durchaus kenne. Am Ende ist alles genau da, wo ich es vermutet habe. Beide machen sich frohgemut fertig und radeln los.

5 Müll in der Schublade

Es ist der erste Tag der Weihnachtsferien, Alex (9) und André (11) genießen den ersten Frost und sind stundenlang draußen beschäftigt. Ich räume auf, mache sauber und dekoriere die Wohnung vorweihnachtlich. Als ich in Andrés Zimmer gehe, um Sachen in eine Schublade zu legen, entdecke ich darin Abfall und Süßigkeiten. Ich bin schwer enttäuscht. Allen Abmachungen und Vorkehrungen (eigener Mülleimer mit Mülltrennung) handelt er also immer noch zuwider. Ich bin auch besorgt über seinen Süßigkeitenkonsum.

Meine gute Laune ist dahin, auf einmal finde ich auch das Zimmer, das er doch in Eigenregie von sich aus aufgeräumt und gesaugt hatte (ich war ganz glücklich darüber gewesen), schmutzig und unaufgeräumt. Was seit Wochen in den Ecken liegt, liegt immer noch da. Jetzt mache ich mich daran.

Zwischendurch wärme ich den beiden Kindern etwas auf dem Herd fürs Mittagessen. Als es gar ist, rufe ich sie herein, arbeite aber oben weiter.

Sie kommen auch zügig ins Haus, und als ich nach unten komme, sitzen beide in der Küche am Tisch und warten. Nichts ist gedeckt. Auf dem Herd steht ihr Essen.

Als ich das sehe, schwappt meine Verstimmung wegen meiner Entdeckung oben wieder hoch. Am liebsten würde ich es einfach herausschimpfen. Ihre ‚faule' Erwartungshaltung macht mich noch ungehaltener. Ich schaffe es gerade, mit freundlicher Stimme zu sagen: „Kinder, ich hab' oben noch soviel zu tun, nehmt euch bitte das Essen selbst!"

Zu meinem Erstaunen stehen sie anstandslos auf, decken den Tisch und versorgen sich, während ich mit dem Staubsauger wieder abziehe.

Als ich nach einer Weile wieder herunterkomme, sitzen beide friedlich und lassen es sich schmecken. Es sieht gemütlich aus, sie haben auch die Adventskerzen angezündet. Ich selbst bin zu meinem Erstaunen durch meine eigene freundliche Stimme ausgeglichener geworden, während ich oben die Arbeit zu Ende gebracht habe. Jetzt kann ich mich über die beseitigten ‚Dreckecken' freuen.

Wäre ich explodiert, wie früher, hätte sich die Stimmung böse hochgeschaukelt. Am Ende hätten wir uns alle mit schlechter Laune und Beschuldigungen den weiteren Tag verdorben. So verläuft er entspannt und angenehm.

6 Teenagerlautstärke

Seit kurzem lebt meine Tochter Luise (13) bei mir. Sie war von ihrer Mutter, meiner geschiedenen Frau, aus dem Haus gewiesen und zu mir geschickt worden. Die Situation mit Luise ist schwer, da sie die Sachlage nicht begreift und letztendlich mich als die einzig verfügbare Person für ihre Lage verantwortlich macht. Entsprechend ist ihr Verhalten, fordernd, bestimmend, auf Konfrontation, Streit und Rache aus.

Unsere Gespräche sind durch ihre laute und schrille Stimme strapaziös. Sie will mit ihrer Stimme alles übertönen und wegdrücken. Normalerweise führt das bei mir auch zum lauteren und barscheren Tonfall, zumal sie oft die Konfrontation sucht. Meine Geduld reicht zwar sehr weit, dennoch ist mein Tonfall dann zumindest angespannt, meine Nerven sind überstrapaziert, und ich komme an meine Grenzen. Ich nehme mir deshalb vor, Luise ganz bewusst mit einer freundlichen Stimme, gepaart mit freundlichem Blick, anzusprechen oder zu antworten. Darauf stelle ich mich innerlich ein.

Sie sitzt vor dem Fernsehapparat, sieht sich einen Musikclip an und beschäftigt sich dabei mit ihren Hausaufgaben. Ich führe im Nebenzimmer ein Telefonat. Der laute Ton des Fernsehers dringt durch die geschlossene Tür; ich fühle mich stark gestört und beende das Telefonat. Dann gehe ich zu Luise und bitte sie mit freundlicher Stimme und natürlich auch freundlichem Blick, den Ton leiser zu stellen. Sie blickt auf und sagt irritiert sehr laut, dass sie mich nicht versteht und ich warten solle. Dann stellt sie den Ton ab und fragt noch lauter, was ich denn wolle.

Ich wiederhole mein Anliegen in der gleichen Form und Wortlaut. Sie wird noch lauter und sagt, ich spräche zu leise, sie könne mich nicht verstehen. Ich sehe hinter ihren Worten die Suche nach einer Konfrontation und bleibe ruhig. Sie fragt mich, warum ich so ‚komisch' spreche und gucke, wird noch lauter, gibt Erklärungen ab über das, was sie tut und warum die Musik sie nicht stört und dass ich das ja wohl begreifen könne. Ich antworte ihr weiter mit gleicher freundlicher Stimme (und natürlich auch Blick), was sie dann doch irgendwie irritiert. Sie wird plötzlich in ihrem Ton etwas leiser. Ich beende daraufhin das Gespräch so gut und schnell wie möglich mit dem Ziel, dass dieser Effekt am Ende des Gesprächs bei ihr hängen bleiben soll.

Diese kleine positive Erfahrung hat mich auf dem Weg bestärkt, stets mit freundlicher Stimme zu sprechen, natürlich gepaart mit einem freundlichen Blick.

Auch in der Folgezeit glückt es mir hin und wieder, damit ‚Luft' aus Problemsituationen zu nehmen. Luise erkennt langsam, dass sie eine sprachliche Eskalation mit mir nicht mehr erreichen kann – es wird etwas leiser.

Ein Blick sagt mehr als tausend Worte

Ein Basiliskenblick kann uns töten, hat der römische Dichter Plinius gesagt. Daher kommt unser Ausdruck vom ‚vernichtenden Blick'. Ein Blick kann auffordernd oder anregend sein, uns zustimmen oder zum Schweigen bringen. Manchmal blicken wir abwesend, nach innen. Die Menschen um uns herum wissen dann, dass wir nicht bei der Sache sind.

Unser Blick kann auch offen und einladend sein. Wenn wir mit freundlichen Augen auf unsere Kinder schauen, vermitteln wir ihnen, dass wir sie mögen, uns für sie interessieren, hören möchten, was sie zu sagen haben, sie annehmen, wie sie sind. Hinter dem freundlichen Blick steht unsere zugewandte Haltung. Das lässt sich bewusst üben.

Die Übungsaufgabe heißt hier:
Mit freundlichen Augen schauen

7 Konzentration fördern

Gerade lese ich meinen Töchtern, Katharina (4) und Jaqueline (3), eine Geschichte vor. Nach dem ersten Abschnitt mache ich eine Pause und lächle beide an, dann lese ich weiter. Nach dem zweiten Abschnitt lächle ich beide wieder an, bevor ich weiterlese.

Plötzlich sagt Katharina zu mir, während auch sie mich anlächelt, dass sie mich lieb hat. Auch Jaqueline eifert ihrer großen Schwester nach und sagt, dass sie mich lieb hat.

Nachdem wir uns gegenseitig gedrückt und geküsst haben, wenden wir uns wieder der Geschichte zu. Beim Weiterlesen merke ich, wie sehr beide darauf warten, dass ich wieder eine Pause mache und sie anlächele.

Seitdem ich den freundlichen Blick während des Vorlesens benutze, hören mir beide Kinder viel aufmerksamer zu.

8 Doch liebenswert

In meiner Gemeinde fühle ich mich wohl, da ich zu den meisten Menschen eine gute Beziehung habe und mich bemühe, mein jeweiliges Gegenüber zu ermutigen. Nur mit einer Familie tue ich mich schwer, da die Mutter distanziert wirkt, übergewichtig ist, gerne über die Fehler anderer redet und sehr meinungsfest ist.

Ihre Tochter Berrit (5), die ihrer Mutter ähnelt, treffe ich beim meditativen Tanzen. Ich wundere mich, dass die Kleine alleine mitmachen will und schicke ihr schon während der Anleitung zum ersten Tanz einige aufmunternde Blicke zu. Beim zweiten Tanz hat sich Berrit dann an meine linke Seite gestellt und blickt mich ernst und offen an, als sie meine Hand fasst. Wieder schenke ich ihr ein Lächeln und fasse sie ganz bewusst an der Hand. Nach dem Ende des Tanzes mache ich ihr ein Kompliment zu ihrem Rhythmusgefühl. Die Schrittfolge ist für sie noch verwirrend. Sie lächelt mir immer öfter zu und ich erwidere ihren freundlichen Kinderblick. Auf einmal finde ich sie nicht mehr unsympathisch oder zu dick; ich nehme sie als eigene Persönlichkeit wahr.

Als ich beim nächsten sehr ruhigen Tanz mal zwischen zwei Erwachsenen tanzen will und mir deshalb eine andere Raumrichtung aussuche, folgt mir Berrit und greift meine rechte Hand, um weiter neben mir zu tanzen. Ich lächle sie an und denke bei mir, dass diese Ermutigung tief innen bei ihr angekommen ist und sie meine Nähe und Blicke eben gerade braucht. In der Gewissheit, ihr heute etwas Schönes gegeben zu haben, kann auch ich den Tanz genießen und zeitweise die Augen schließen, um mich ganz der Bewegung, der Gemeinschaft und der Musik hinzugeben.

9 Lächeln verbindet

An einem Chor-Familienwochenende nehmen mein Mann und ich mit unseren Kindern Emil (13), Tobias (11) und Ronja (9) teil. Im Haus und drum herum gibt es für die Kinder viele Beschäftigungsmöglichkeiten. Zwischen den Chorproben ist Familienprogramm. Am Abend sitzen wir Erwachsenen mit den Jugendlichen in fröhlicher Runde zusammen, machen Musik und singen. Auch die jüngeren Kinder kommen immer wieder dazu, schnappen sich eine Rassel oder eine Trommel und machen mit oder sitzen einfach dabei. Ronja, inzwischen sehr müde, sitzt mit zwei anderen Mädchen ein Stück von mir entfernt. Ich gucke immer wieder in ihre Richtung, bis unsere Blicke sich treffen. Ich schaue sie freundlich an und lächele ihr zu. Ich bemerke, wie auch ein Lächeln über ihr müdes Gesicht huscht und sie nun immer wieder zu mir schaut. Diese Situation wiederholt sich einige Male. Ich spüre, es tut ihr gut, dass ich ihr auch in Gesellschaft so vieler Menschen Beachtung schenke, dass ich mich über ihre Anwesenheit freue, dass sie mir wichtig ist. Sie schmunzelt zufrieden zurück. Ich spüre, wie dieser stille Blickkontakt uns verbindet, und vielleicht mehr bewirkt, als viele Worte. Ich spüre, wie lieb ich dieses kleine große Mädchen habe, das da zu später Stunde ein Stück von mir entfernt in dieser lustigen Menschenmenge sitzt. Dafür bin ich sehr dankbar, als sie kurze Zeit später auf meinem Schoß sitzt und sich noch eine Weile an mich kuschelt, bevor mein Mann sie ins Bett bringt.

10 Vertrauen gewinnen

Luises Mutter und ich sind geschieden. Seit kurzem lebt Luise (13) bei mir. Sie ist aus dem Gleichgewicht. Entsprechend ist ihr Verhalten: fordernd, bestimmend, auf Konfrontation, Streit und Rache aus.

Während meine Geduld oft an Grenzen kommt, was sich sicher in meinem Gesicht ausdrückt, bilden sich bei ihr Falten auf der Stirn, sie schaut mich böse an und sagt auch zu mir, dass ich immer so böse aussehe. Ich nehme mir deshalb bewusst vor, mein Kind freundlich anzusehen und sie anzunehmen, wie sie ist.

Wir sind in der Wohnung. Ich möchte sie etwas über die Schule fragen. Dabei setze ich mich bewusst ihr gegenüber, schaue sie freundlich an und beginne zu reden. Ihre erste Reaktion ist: „Was guckst du denn so komisch“ und sie versucht mich durch eine Grimasse nachzumachen. Ich bleibe bei meinem Vorsatz, lasse mich nicht beirren und gehe auch nicht auf ihre Reaktion ein. Ich kann aber deutlich während des relativ kurzen Gesprächs feststellen, dass auch ihr Ausdruck und Blick sich verändern. Ihr Misstrauen schwindet, ihre Stimme wird leiser und wir können das Gespräch gut zu Ende führen.

Diese positive Erfahrung hat mich auf dem Weg bestärkt, mich künftig in jedem Fall auf einen freundlichen Blick und wohlwollende Ausstrahlung einzustellen. Kleine Erfolge bestärken mich weiter. Sie sagt auch nicht mehr, dass ich „immer so böse aussehe“, was ich als Fortschritt werte.

Meckern und Nörgeln ist wie Unkraut düngen

In vielen Familien herrscht eine Atmosphäre von Druck und Anspannung. Die Kinder ‚benehmen sich daneben‘, die Eltern schimpfen und drohen. Kurzfristig tritt Besserung ein, aber langfristig ist es immer dasselbe. Aus diesem Teufelskreis gilt es auszubrechen.

Wie fühlen sich Kinder, wenn sie andauernd angetrieben, ermahnt oder belehrt werden? Wenn täglich geschimpft wird? In einer Atmosphäre von Vorwürfen und Schimpfen fühlt sich niemand wohl. Kinder verstricken sich in den ‚**Notlösungen**', wie sie in der Einleitung beschrieben sind. Das führt zu mehr schimpfen, Streit und Unzufriedenheit.

Die Eltern meinen es gut. Sie möchten, dass die Kinder das Richtige lernen – und sie sind der Überzeugung, dass sie den Kindern nur zu sagen brauchen, was sie falsch machen (Kritik), dann werden die Kinder lernen, das Richtige zu tun. Das Gegenteil ist der Fall, denn

Was wir wichtig machen, verstärkt sich.

Anstatt Kindern zu sagen, was sie falsch machen, ist es besser, ihnen genau zu sagen, was sie tun sollen:

„Die Handtücher gehören auf die Stange."
„Die Bonbonpapierchen gehören in den Müll."
„Frag deinen Bruder, ob er dir einen Stift abgibt."

Radikales Umdenken ist nötig. Kritisieren, Meckern, Nörgeln, Predigen oder Belehren wirkt wie Dünger auf Unkraut: Das Unkraut sprießt. Düngen Sie das Gute mit Ihrer Aufmerksamkeit, damit das Gute wächst!

Kinder brauchen viel Aufmerksamkeit, Zuwendung und Bestätigung:
Geben wir sie freiwillig und für alles, was sie gut machen.

Die Übungsaufgabe heißt hier:
Auf Kritik verzichten

11 Tisch(un)sitten

Seit einiger Zeit sitzt Johannes (6) während des Essens mit einem Bein angewinkelt auf dem Stuhl am Tisch. Gemütlich und lässig legt er dann auch noch seinen Arm auf das Knie, so dass das Brot, das er gerade in der Hand hält, mehr in der Luft statt über dem Teller hängt.

Es ist ja klar, dass mein Mann und ich es erst einmal mit Reden versuchen, weil wir es ja so gelernt haben. Johannes' Ohren stehen schon auf ‚Durchzug', für einen Moment funktioniert es, zwei Sekunden später stehen die Beine schon wieder auf dem Stuhl. Ich beobachte diese Situation eine Weile, dann überlege ich mir, etwas zu ändern.

Morgens und mittags sitze ich mit den Kindern allein am Tisch, eine gute Gelegenheit ‚auf Kritik verzichten' zu üben.

Ich sage nichts mehr zu Johannes, wenn er das Bein auf den Stuhl stellt. Ich mache es nicht mehr wichtig. Das fällt mir natürlich schwer! Manchmal fällt ihm ein Stück Brot oder Kuchen runter, ich sage nichts, er hebt alles auf und schimpft mit sich selbst. Das geht ein paar Tage so, dann fällt mir auf, dass er, wenn ich mit den Kindern allein am Tisch sitze, ganz normal auf seinem Stuhl sitzt, beide Beine unter dem Tisch.

Ich sage ihm, dass ich es gut finde, wie er so ordentlich am Tisch sitzen kann und wie sauber der Boden unter seinem Stuhl aussieht. Er strahlt über das ganze Gesicht.

Die Atmosphäre in der Familie hat sich in den vierzehn Tagen enorm gebessert. Ich habe ja nicht nur in dieser Situation auf Kritik verzichtet.

Ich bin immer wieder stolz auf mich, wenn ich es mit den neuen Möglichkeiten der Erziehung hinbekomme, mehr Frieden in unsere Familie zu bringen. Selbst meinem Mann ist es aufgefallen. Er sagte zu mir: „Du hast einen guten Umgang mit unseren Kindern bekommen, da muss ich wohl noch etwas tun." Wenn er mit uns am Tisch sitzt, steht Johannes' Bein übrigens wieder auf dem Stuhl.

12 Hausaufgaben überm Spiel vergessen

Lisa (7) ist in ihrem Zimmer und macht Hausaufgaben – denke ich. Auf drei Uhr hat sie sich mit ihren Cousins zum Spielen verabredet. Um viertel vor drei öffne ich ihre Tür um nachzuschauen, wie es ihr geht und ob sie Fragen hat. Ihre Bücher liegen geschlossen auf dem Schreibtisch. Im ganzen Zimmer – auf dem Boden, Bett, Stuhl – stehen Lego-Pferde, Zäune, Wald, Haus und Stall aufgebaut. Mir liegt auf der Zunge zu sagen, dass das nicht so vereinbart war, dass sie versprochen habe, ihre Hausaufgaben zu machen – und was das solle? Aber ich atme tief durch.

Sie lächelt mich schuldbewusst an. „Weißt du, was mir an dir gut gefällt, Lisa?“, frage ich. „Du kannst dich stundenlang allein beschäftigen, ohne dass es dir langweilig wird.“

Ihr Lächeln wird sofort fröhlicher. Ich weise sie auf die Uhrzeit hin und schlage vor, die Jungs anzurufen und die Verabredung um eine Viertelstunde zu verschieben. Sie bittet mich anzurufen, weil sie keine Minute mehr verlieren und sich an die Hausaufgaben setzen will.

Das tue ich, stolz darauf, dass ich es geschafft habe, mich zurückzuhalten. Lisa macht sich um viertel nach drei pfeifend auf den Weg zu ihren Cousins.

13 Gemecker beim Essen

Ich rufe Merle (8) und Tom (8) zum Abendessen. Es gibt Blumenkohl, Lachs und Kartoffeln. Beide sehen den Lachs und beginnen zu meckern, dass sie schon beim letzten Mal gesagt haben, dass sie Lachs nicht mögen. Mein Mann und ich nehmen uns von dem Essen, sagen „Guten Appetit“ und beginnen mit der Mahlzeit. Ich bin entspannt. Merle und Tom können ja gerne Kartoffeln essen. So unterhalte ich mich und stelle Fragen nach dem, was am Tag gewesen ist. Es gelingt mir, ohne mich sonderlich zu bemühen, keinen Kommentar zum Essen zu geben. Ich preise das Essen auch nicht mehrfach an, wie es sonst meine Art ist. Sie sehen, was auf dem Tisch steht und dürfen sich bedienen. Nach sehr kurzer Zeit sagt Tom: „Ich probiere den Lachs noch mal." Auch dieser Bemerkung schenke ich keine besondere Aufmerksamkeit. Es ist mir wirklich nicht wichtig. Merle bittet mich um ihr Stück Lachs, und so isst jeder seine Portion.

Diese Mahlzeit ist gelungen und hat mir gezeigt, wie sehr ich mit Kritik das Verhalten der Kinder vorbestimmen kann, und wie leicht sie aus Trotz Angebote nicht annehmen. Es ist viel schöner für uns alle, wenn sie ihre Entscheidungen frei von meinen Kommentaren treffen.

14 Körperpflege will geübt sein

Ich sehe abends beim Essen, dass Sven (13) sehr lange Fingernägel hat und schlage ihm vor, dass wir die noch kürzen vor dem Schlafen. Er ist ziemlich brummig, hat keine Zeit für solchen Kram, da er noch seine Schultasche packen, Haare waschen ... und vor allem eine Halbzeit Fußball sehen ‚muss'. Trotzdem verabreden wir uns für die Prozedur. Als ich fast fertig bin mit Spülen, tönt der Ruf, ob ich jetzt komme. Ich verkneife mir eine Bemerkung, dass ich noch nicht fertig bin, denke daran, wie kurz das Ganze nur dauert und wende mich Sven im Bad zu. Als ich die rechte Hand beendet habe, warte ich auf die linke, aber Sven sagt: „Die hab' ich schon." Er hält sie mir entgegen, ich sehe Ecken und Kanten, bin in Versuchung, das auch zu sagen und eine Nachbesserung vorzuschlagen. Da fällt mir mein Übungsfeld ein und ich halte den Mund, sage stattdessen, wie gut ich es finde, dass er die halbe Arbeit schon allein gemacht hat und dadurch immer mehr Übung bekommt. Er bedankt sich und verlässt zufrieden das Bad. Auch ich freue mich, wie friedlich das früher oft streitanfällige Nägelschneiden doch ablaufen kann.

15 Null-Bock-Laune

Es ist schönes Wetter und wir beschließen zu viert zu radeln. Meist bin ich die Streckenbremse. Diesmal hätte ich Kraft und Lust, etwas weiter zu fahren. Aber Adrian (13) hängt im Lauf der

Tour immer mehr zurück, auch sein Gesicht spricht für sich. Wir kennen solches Verhalten bei ihm sehr gut. An einer Kreuzung platzt meinem Mann der Kragen, er fragt, ob wir noch weiter sollen und dass es keinen Spaß mache mit Adrian. Nächstens fahre er mit mir allein. Adrian will tatsächlich auf dem kürzesten Weg zurück, erklärt aber wie immer nicht, weshalb. Das ist es, was uns so besonders reizt und verstimmt: Wir wissen nicht, was wirklich in ihm vorgeht, oder was er eigentlich möchte. Als ich den Ärger meines Mannes sehe und höre, halte ich mich bewusst zurück, um nicht auch noch auf Adrian einzuschimpfen. Solche Situationen gab es früher häufig.

Wir haben frisch gebackenen Kuchen mit und wollten den eigentlich bei einem Picknick essen. Auch das will Adrian nicht. Wofür haben wir den Kuchen denn mitgenommen? Also machen wir Picknick am nächsten Teich, ich lege die Decke aus, nehme die Esssachen und platziere mich mit Blick zum See. Adrian steigt nicht einmal vom Fahrrad, schiebt seines ganz dicht an unseren Rastplatz, das Rad zwischen den Beinen bleibt er ostentativ wartend dicht neben uns stehen. O wie ich so was kenne von ihm! Ich beschließe, mich überhaupt nicht darum zu kümmern, den Blick, den Kuchen, das Trinken zu genießen und mir die Zeit zu nehmen, die mir angenehm ist. Ich drehe Adrian dabei den Rücken zu, aber ohne Groll. Nur muss ich mir seinen Anblick nicht antun. Als es dann weitergeht, nimmt er, der bis jetzt nichts verzehrt hat, ein Stück Kuchen, um es während des Fahrens zu essen. Er bleibt seinem eigenen Vorschlag also treu, denn so sollten wir das eigentlich alle vier machen! Ich sage nichts, freue mich, dass es ihm offensichtlich gut schmeckt, lächle ihn auch zwischendurch mal an. Kein Wort über sein Verhalten. Die Rückfahrt verläuft nach meinem Empfinden zunehmend gelöst, die Ärgerluft verpufft von Kilometer zu Kilometer, Adrian wittert ‚Stallluft'. Wir können den Rest des Tages unvoreingenommen miteinander umgehen. Wie oft hat früher solches Verhalten von Adrian, und unsere Reaktion darauf, uns allen den ganzen Tag verdorben.

16 Geschwisterstreit

Tobias (13) und Ronja (11) sind im Wohnzimmer, während ich koche. Ich habe sie bereits gebeten, den Tisch zu decken und Getränke aus dem Keller zu holen.

Dann höre ich Geschrei aus dem Wohnzimmer, offenbar entladen sich hier gerade alle Aggressionen, die sich am Vormittag in der Schule angestaut haben.

‚Nicht schon wieder!', denke ich, ‚statt dieses Theater zu machen, sollten sie jetzt mithelfen.' Ich bin drauf und dran, mich einzumischen, meine Kritik anzubringen und zu bestimmen, was zu tun ist. Da ich aber schon seit einigen Tagen übe, auf Kritik zu verzichten, kann ich erst mal ruhig bleiben. Ich beschließe, den Herd abzuschalten und noch meine Blumen auf der Terrasse zu gießen. So kann ich mich aus der Affäre ziehen und muss den Krach gar nicht hören.

Schließlich scheint das Geschrei weniger zu werden. Als ich wieder in die Küche komme, sind meine Kinder dabei, den Tisch zu decken. Ronja ist offensichtlich beleidigt, beklagt sich aber nicht bei mir. Ich sage nur: „Ach, da seid ihr ja: Das Essen ist auch fertig!" Und wir können miteinander essen, ohne dass ich an meinen Kindern rumgenörgelt und kritisiert habe, ohne, dass sie sich mir gegenüber jetzt schlecht fühlen müssen und ohne, dass ich selbst verärgert bin. Während des Essens vergisst auch Ronja ihren Ärger und es ist, als wäre nichts gewesen.

‚Auf Kritik verzichten' ist eine wichtige und anstrengende Aufgabe! Ich habe gemerkt, wie oft ich geneigt bin, meine kritischen Kommentare abzugeben und damit mein ‚Besserwissen' in ungefragter Weise anzubringen.

Es tut gut, sich bewusst zurückzuhalten und damit den Kindern zu ermöglichen, ihre eigenen Lösungen zu finden.

17 Es geht auch ohne reden

Es ist früh am Morgen und ich bereite noch Sahne vor, weil Ludwig (14) heute Kuchen und Sahne mit in die Schule nimmt. Dabei fällt Abfall an, den ich gern in den ‚Gelben Sack' werfen möchte, was jedoch nicht möglich ist. Die Behältnisse für Recycling stehen mit Wasser gefüllt in der Spüle im Hauswirtschaftsraum. Ludwig kommt in diesem Augenblick in die Küche und ich drücke ihm ruhig die Folie in die Hand. Dieses Signal versteht er und handelt.

Die Vorgeschichte: Wir haben gestern Tetra-Paks, Dosen, Glas und Altpapier zu den Containern gefahren und dabei festgestellt, wie verklebt die Behälter sind. Ich habe Ludwig gefragt, ob er die Reinigung übernimmt; er hat zugesagt. Wieder daheim, hat er die Behälter sofort mit Wasser und Reinigungsmittel gefüllt. Wie so häufig wurde diese Tätigkeit durch irgendetwas unterbrochen und ganz offenbar danach vergessen.

Ich kann es aber ertragen, ohne Wut und Zorn, dass die Behälter nicht an ihrem Platz sind und verzichte bewusst auf meine sonst übliche Kritik.

Ludwig krempelt die Ärmel hoch und beendet gut gelaunt seine gestern begonnene Arbeit. Er hat zwar die Aufgabe nicht in meinem Zeitrahmen bewältigt, trotzdem habe ich den Konflikt vermieden: Harmonie statt Zwist.

Zuneigung beginnt im Kopf

Stellen Sie sich vor, Sie erhalten einen Brief. Ein neutraler Umschlag. „Schon wieder eine Rechnung", denken Sie, und Ihr Magen zieht sich zusammen. Sie haben eben erst die Autoreparatur bezahlt und es ist Ebbe in der Kasse. Sie öffnen den Umschlag, und es ist eine Einladung zu einem Geburtstag. Die Spannung in Ihrem Magen löst sich und Sie freuen sich.

Stellen Sie sich vor, Sie gehen abends spazieren. Sie sind allein, es ist schon dunkel und Sie hören Schritte hinter sich. Es ist Ihnen unheimlich, und ein Gefühl von Angst kommt auf. Sie denken: Hoffentlich will der mir nichts. Unwillkürlich gehen Sie schneller. Da, der Fremde hat Sie eingeholt. Ihr Nachbar grüßt Sie freundlich und geht vorüber. Sie fühlen sich erleichtert.

Sicher fallen Ihnen weitere Beispiele ein, wie unser **Denken**, unsere unwillkürliche Einschätzung einer Situation, unsere **Gefühle beeinflusst**. Und aus diesen Gefühlen heraus handeln wir, und sagen dann – „Ich konnte nicht anders." „Mein Kind hat mich so provoziert." „Ich fühlte mich so gereizt."

Wenn wir unsere Gedanken verändern, verändern sich unsere Gefühle. Dann können wir bedacht handeln statt im Affekt.

Wir machen aus der Erkenntnis dieser Zusammenhänge eine richtige Übung:

Denken in Zuneigung

Wir führen die **Übung** allein durch, im ‚stillen Kämmerchen'. *Wir brauchen dafür zwei Stühle, die sich gegenüber stehen. Auf dem einen sitzen wir. Auf den anderen setzen wir in Gedanken unser Kind, das heißt, wir stellen uns vor, es säße da. Nun sprechen wir laut (denn Sprechen ist kontrolliertes Denken!) und sagen ihm: was wir gut an ihm finden, wofür wir es mögen, warum wir dankbar sind, es zu haben.*

Diese Übung ist besonders empfehlenswert, wenn wir uns geärgert haben, oder aus einem Machtkampf ausgestiegen sind und nun die Beziehung wieder verbessern möchten. (Wir können auch den Partner, die Partnerin, den Chef, die Freundin oder den Kollegen auf den leeren Stuhl setzen!)

Wir spüren, wie unser Gefühl sich verändert. Das brauchen wir nicht mitzuteilen: unsere Ausstrahlung und unsere Körpersprache ändern sich auch. Unser Gegenüber im Konflikt, ob Kind oder Erwachsener, wird das spüren.

Die Übungsaufgabe heißt hier:
Denken in Zuneigung

18 Mütter möchten sich unterhalten

Seit Jahren treffe ich mich regelmäßig mit meiner Freundin Angela. Sie ist allein erziehend und hat eine Tochter, Manuela (4). Manuela fordert sehr viel Aufmerksamkeit und möchte ständig im Mittelpunkt stehen. Dadurch ist es in letzter Zeit kaum möglich, mich mit Angela in Ruhe zu unterhalten, denn Manuela ist immer dabei, wenn wir uns sehen. Ich spüre, wie ich immer negativer auf das Kind reagiere. Diese Entwicklung möchte ich stoppen.

Deshalb entscheide ich mich für die Übung Denken in Zuneigung. Zuerst mache ich sie ganz bewusst mit dem leeren Stuhl. Anfangs fällt es mir nicht leicht, positive Eigenschaften an Manuela zu finden. Doch mit jedem Mal wird es einfacher, und nun gelingt es mir, immer wenn ich an sie denke, sofort einige ihrer guten Eigenschaften vor Augen zu haben.

Heute treffe ich die beiden wieder. Ich spüre gleich, dass ich anders als sonst auf Manuela zugehe und viel eher bereit bin, ihr zuzuhören und mich mit ihr zu beschäftigen. Manuela strahlt, und nach einer Weile sitzt sie bei mir auf dem Schoß, und dabei kann ich in Ruhe mit Angela reden. Manuela genießt es dabei zu sein.

Irgendwann steht sie auf und geht spielen. Erst nach einer ganzen Weile ruft sie uns, weil sie möchte, dass wir uns anschauen, was sie gemacht hat.

Ich bin glücklich über den Verlauf dieses Nachmittags. Offensichtlich hat Manuela sich angenommen gefühlt und hatte nicht mehr das Bedürfnis, sich ständig bemerkbar zu machen.

19 Chaotisches Kind

Carsten (6) hat einen Freund eingeladen, den ich nicht mag. Wenn er da ist, ist es immer chaotisch und alles geht drunter und drüber. Meine zwei Jungen (6 und 4) lassen sich von ihm ziemlich leicht zu allem Möglichen anstiften.

Ich überlege mir schon ein paar Tage vorher, wie ich den Nachmittag am besten rumkriege. Da fällt mir das Denken in Zuneigung ein. Also setze ich mir den Jungen öfter ‚auf den Stuhl' und von Mal zu Mal entdecke ich mehr gute Eigenschaften an ihm.

Kurz bevor er kommt, setze ich ihn nochmals darauf. Als es klingelt, bleibe ich ganz ruhig und gelassen. Die Kinder begrüßen sich und gehen ins Kinderzimmer. Nach einer Weile wundere ich mich, dass es noch so still ist. Normalerweise geht es da schon über Tische und Bänke. Ich gehe ins Kinderzimmer und schaue kurz nach. Die drei spielen schön zusammen und ich bin ganz erstaunt. Dann wird es auch mal lauter, doch das regulieren die Kinder ohne mein Zutun.

Ich freue mich, dass es so reibungslos funktioniert und erkenne, dass ich meistens schon gereizt war, wenn ich wusste, der Bub kommt. Entsprechend war mein Verhalten ihm gegenüber.

Heute habe ich meine Haltung geändert, und er verhält sich auch anders. Sonst bin ich ständig dazwischen gegangen und habe mich eingemischt, damit nichts eskaliert. Ich habe mich dabei auch gern provozieren lassen.

Es war ein harmonischer Nachmittag, und das nächste Mal werde ich mir den Jungen kurz vor seinem Kommen wieder ‚auf den Stuhl setzen'.

20 Geburtstag mit ‚Nervensäge'

Kolja (7) ist das Kind meiner Freundin. Er ist unter den Kindern immer der Boss, er bestimmt, was gemacht wird. Ich kenne ihn schon, seit er acht Monate alt war. Er war immer schon auffällig, hat andere Kinder gebissen, Spielzeug kaputt gemacht. Ich hatte eine Zeit lang überhaupt keine Lust auf ihn. Ich empfand Abneigung dem Kind gegenüber. Das hat manchmal der Beziehung zu meiner Freundin geschadet. Ich hätte sie gerne eingeladen, aber am liebsten ohne Kolja.

Kolja ist mittlerweile der beste Freund von meinem Johann (6), also muss ich mich bemühen, mit ihm klar zu kommen.

Es ist Koljas siebter Geburtstag. Ich bringe Johann hin und möchte gleich wieder nach Hause fahren. Meine Freundin sagt, ich solle doch bleiben und fragt, ob ich ihr helfen kann. Ich willige ein. Nachdem alle Kinder ihren Kuchen gegessen haben, gehen sie spielen. Ich soll auf die Kinder aufpassen, während meine Freundin den Tisch abräumt. Wieder ist Kolja der Boss und bestimmt, was gemacht wird. Ich fühle wie Wut und Aggressionen in mir hochkommen. Doch dann besinne ich mich eines Besseren. Ich beobachte Kolja und sage mir in Gedanken alles, was mir positiv an ihm auffällt: dass er ein pfiffiges Kerlchen ist, dass er schöne braune Augen hat, und dass mir sein Lachen gefällt. Er ist auch mit den Händen sehr begabt. Ich versuche ihn so anzunehmen, wie er ist. Ich fühle, wie sich die Wut und die Aggressionen legen, und werde entspannter. Wenn Kolja kommandiert, schaut er mich oft an, um meine Reaktion zu sehen, denn bevor ich in-Zuneigung über ihn gedacht habe, hätte ich bestimmt eingegriffen und geschimpft. Doch jetzt denke ich: Ich lasse es die Kinder allein regeln. Ich kann Kolja sogar zulächeln. Ich weiß nicht, ob er gemerkt hat, dass sich bei mir etwas geändert hat. Ich weiß nur, dass der Nachmittag für mich viel entspannter war als sonst, wenn ich mit Kolja zusammen war. Die Kinder kamen auch ohne mein Eingreifen sehr gut klar untereinander. Wir und besonders Kolja hatten alle einen schönen Geburtstag.

21 Zuviel Fernsehen

Es ist Montagnachmittag. Ende vergangener Woche hat die Schule wieder angefangen und es muss sich erst wieder eine gewisse Regelmäßigkeit einspielen.

Besonders unsere Tochter Svenja (11) hat Probleme, sich wieder an das ‚geordnete Leben‘ zu gewöhnen. Sie trödelt bei den Hausaufgaben, jammert, weil sie nicht fertig wird, will unbedingt noch eine Fernsehsendung sehen und hat ganz vergessen, dass ihre Freundin Bianca noch kommt und sie gemeinsam zur Kindergruppenstunde gehen wollten.

Schließlich macht sich Bianca allein auf den Weg, weil Svenja sich nicht vom Fernseher trennen kann. Ich habe das Geschehen nur aus der Ferne verfolgt, weil ich im Keller beschäftigt war. Nachdem ich vorher durch Svenjas Verhalten schon ziemlich genervt war, ärgert es mich jetzt, dass sie die Gruppenstunde sausen lassen will. Ich finde es wichtig, dass sie regelmäßig hingeht, um wirklich dazu zu gehören. Eine gewisse Regelmäßigkeit und Verbindlichkeit sind notwendig.

Außerdem sitzt sie lange genug vor dem Fernseher. In meinem Ärger (ich meine, ihr jetzt mal sagen zu müssen, wo es lang geht) fordere ich sie auf, doch noch zur Gruppenstunde zu gehen, und mache ihr den Fernseher vor der Nase aus. Natürlich ernte ich Protest und ein Wutgeschrei. Aber merkwürdigerweise macht sie sich doch gleich auf den Weg.

Als sie weg ist, spüre ich den Ärger, der sich bei mir seit mittags angestaut hat, und ich finde Svenjas Verhalten ganz unmöglich. Und wenn sie nachher wiederkommt, wird es wohl so weiter gehen, befürchte ich, und merke, dass ich mich in diesen negativen Gedanken verstricke.

‚Denken in Zuneigung' wäre jetzt angesagt. Es kostet mich Überwindung, einen Stuhl zu holen und ‚umzuschalten'. Trotzdem bleibe ich dabei, ich übe und spreche über alle liebenswerten Seiten meiner Tochter, zähle auf, was mir an Gutem und Lobenswertem einfällt. Und das ist schließlich eine ganze Menge. Ich merke, wie sich mein Gefühl verändert, ich mich doch eigentlich an ihr freuen kann und den Ärger fast vergessen habe.

Als Svenja nach der Gruppenstunde wieder kommt, ist sie fröhlich und ausgeglichen, nichts erinnert mehr an die Streitsituation von vorhin. Ich bin froh, dass ich ihr auch wieder ‚neutral' begegnen kann, dass ich meinen Ärger durch das ‚Denken in Zuneigung' los geworden bin. Jetzt kann es uns wieder gut gehen!

22 Peinlicher Tick

Mein Mann lädt unsere beiden Jungen Martin (11) und Kristof (13) zu einer Ausstellungseröffnung abends mit ein, das Thema ist etwas für die beiden. Als ich später nach Hause komme – die Kinder sind im Bett – und nachfrage, wie es war, bin ich erstaunt, dass mein Mann ziemlich schnell erwähnt, Kristof habe wieder stark seinen Gesichts-Tick gehabt, ein Zucken mit den Augen. Ich sehe sofort mich selbst in einer solchen Situation mit ihm und merke, wie peinlich es mir wieder gewesen wäre. Und dann werde ich oft unfreundlich bis zynisch zu ihm und verschlimmere alles noch. Ich frage meinen Mann, ob es ihm peinlich war? Nein, ist die Antwort, und ich weiß aus Erfahrung, dass das stimmt.

Nach diesem Bericht spüre ich, dass ich etwas tun muss, falls ich irgendwo mit Kristof bin und er auch wieder so seinen Spannungen Raum gibt im Gesicht. Ich möchte nicht, dass ich mich wieder so auf das Symptom fixiere und den Jungen als Person gar nicht mehr sehe. ‚Denken in Zuneigung' ist die geeignete Methode dafür, wie ich aus Erfahrung weiß.

Bei der Stuhlübung kommt wieder alle Dankbarkeit für sein Leben hoch, das keine Selbstverständlichkeit ist, sondern an ein medizinisches Wunder grenzt. Mir wird wieder seine eigene Lebenskraft damals als Säugling bewusst. Ich sehe ihn liebevoll in seiner ganzen Art, seine Verlässlichkeit, sein Engagement, in der Schule gut zu sein, seine Freude in den Augen und seine tolle Informiertheit rund um alles, was mit Fußball zu tun hat. Der wieder aufgeflammte Tick rückt in den Hintergrund vor der ganzen jungen Persönlichkeit.

Wenig später bin ich bei einer anderen Eröffnungsveranstaltung, zu der mein Mann später mit den Kindern nachkommt. Ich bin eingebunden und habe keine Zeit, mir große Gedanken zu machen, wie Kristof sich verhalten wird. Ich bin aber auch ganz entspannt, freue mich einfach, die drei hier zu sehen. Zur Begrüßung reiche ich allen etwas zu trinken, Kristof guckt mich erstaunt und offen an, bedankt sich. Später entspinnt sich ein Gespräch zwischen einer Kollegin, ihm und mir. Ich bin erstaunt und freue mich, wie offen und klar er ihr antwortet und überhaupt seine Bedürfnisse artikuliert in diesem Kreis. Ich stehe ihm gegenüber und freue mich über ‚meinen' großen Sohn. Keine Spur von Tick ist in seinem Gesicht.

Durch die Übung bin ich dem Jungen gegenüber wieder frei und herzlich offen geworden, und alle Angst vor Peinlichkeiten war verflogen. Kristof muss atmosphärisch meine Zuneigung gespürt haben und hat sich dadurch sicher gefühlt. Statt Hintergedanken wie ‚hoffentlich blamierst du mich hier nicht' hat er in meinem Gesicht, meinem Verhalten ein ‚ich stehe zu dir, ich freue mich, dass du mein Sohn bist' sehen können.

23 Petzen per Telefon

Es ist Donnerstag und Florian (15) und Markus (11) haben Ferien. Ich bin bei der Arbeit. Kurz vor ein Uhr klingelt das Telefon und Markus jammert, völlig unverständlich und ganz weinerlich. Soviel kommt rüber, die Jungen liegen im Clinch. Es ist nicht möglich, Klarheit zu bekommen, und so sage ich Markus, dass er sich entscheiden kann weiter zu streiten oder Möglichkeiten zu finden, dem Bruder aus dem Weg zu gehen, z.B. Rad fahren, mit dem Hund ausgehen, sich ins eigene Zimmer zurückziehen. „Vielleicht hast du noch andere Ideen?" Es ist gar nichts möglich. „Gut, dann lässt sich da jetzt nichts klären. Tschüs."

Meine ersten Gedanken nach dem Telefonat sind: ‚Warum provoziert Florian Markus, wieso hat Markus sein Medikament wieder nicht genommen, weshalb immer so ein Theater?' Kurzum: das alte Glucken-Programm läuft ab. Stopp!

Ich schaue auf die positiven Seiten der Jungen. Florian ist allein zweimal weit weg gefahren und hat alles selbst organisiert. Fahrzeiten, Verbindungen, Absprachen, was das Abholen vom Bahnhof anbetrifft, selbst die Wäsche hat er allein gewaschen (weil sie nicht im Wäschesack war und somit nicht von Mama gewaschen werden konnte). Er hat Opa bei der Gartenarbeit unterstützt, in der Schule gibt's tolle Entwicklungen.

Markus war allein bei der Tante in der Schweiz und hat alle Arbeiten auf dem Hof mit großem Eifer erledigt. Er war sowohl auf der Tour auf dem See als auch auf der Heimfahrt sehr ruhig und ausgeglichen, hat allein Kuchen gebacken und es toll gemeistert, vormittags allein zu bleiben.

Mit diesen Gedanken bin ich nach der Arbeit nach Hause gefahren. Die Kinder haben mich freundlich begrüßt, und wenn nicht zwei Stunden vorher dieses Telefonat gewesen wäre, wäre die Welt in Ordnung und dabei belasse ich es auch.

Mit meinem alten Programm wäre ich mit Wut und Zorn durch die Haustür gestürmt, und hätte gewiss neuen Streit herauf beschworen.

Lass mich mit entscheiden!

Kein Mensch empfängt gern Befehle, weder Erwachsene noch Kinder. Befehle rufen Widerstand und damit Machtkämpfe hervor. Wenn wir Kindern eine Wahl zwischen zwei Möglichkeiten (die wir festlegen) geben, können sie auch eine Entscheidung treffen. Dadurch fühlen sie sich ernst genommen und eingebunden.

Die Realitäten des Lebens gelten für uns alle. Wenn es kalt ist, muss man sich warm anziehen. Aber das Kind darf wählen, ob es die rote oder die blaue Strumpfhose möchte. Auch der Kopf soll warm sein. Möchte es die Mütze oder die Kapuze?

Frühstück ist wichtig. Geben wir dem Kind die Wahl zwischen Müsli oder Joghurt, Marmeladenbrot oder Käsebrot, Milch oder Kakao, und bleiben dabei.

„Fütterst du die Meerschweinchen, bevor du in die Schule gehst oder sofort wenn du nach Hause kommst?" Sie müssen gefüttert werden, es ist die Aufgabe des Kindes, darüber brauchen wir nicht zu diskutieren.

Genaues Formulieren bewahrt uns vor Pannen. „Tust du es jetzt oder gleich?" wird uns die Antwort „gleich" bescheren. Das ist ein Ewigkeitswort – gleich heißt eigentlich ‚jetzt nicht – später – am besten gar nicht'.

Wahlmöglichkeiten zu geben, wirkt am besten bei der Notlösung Aufmerksamkeit. Wenn wir uns mitten in einem Machtkampf befinden, lautet die Antwort wahrscheinlich „weder noch". Dann bleiben wir freundlich und fest und arbeiten an der Beziehung.

Die Übungsaufgabe heißt hier:
Eingeschränkte Wahlmöglichkeiten anbieten

24 Selber anziehen

Jakob (4) zieht sich nicht gerne alleine an, besonders nicht vor dem Frühstück. Also helfe ich ihm auf sein Bitten bei Hose oder Socken, weil er sich damit noch schwer tut.

An diesem Morgen ist er müde und quengelt öfter. Ich frage ihn, ob ich erst ihm beim Anziehen helfen oder seinen kleinen Bruder waschen und wickeln soll. Er schaut mich offen an und antwortet, dass der erste heute Anton (1) sein soll und geht zum Spielen nach nebenan ins Spielzimmer. Also richte ich den Kleinen und rufe Jakob nach ein paar Minuten ins Bad. Er kommt und ich sage freundlich zu ihm: „So, jetzt bist du dran“. Er beginnt zu jammern und setzt sich auf den Boden mitten im Badezimmer. Da Anton und ich Hunger haben, Jakob aber schon mal aus Trotz auf sein Frühstück verzichtet hat, fällt mir eine andere Wahlmöglichkeit ein. So setze ich mich zu ihm auf den Boden und frage: „Willst du, dass ich dir hier beim Anziehen helfe oder draußen auf der Ofenbank in der Küche?“ Er antwortet sofort und mit Energie: „Draußen“, schnappt seine Kleider, setzt sich auf die Bank und beginnt sich anzuziehen.

So bereite ich uns drei das Frühstück vor und kann nebenher Jakob beim Anziehen helfen, so dass wir alle gutgelaunt und pünktlich aus dem Haus kommen.

25 Im Auto eingeschlafen

Wir vier, mein Mann, Norman (5), Greta ($1^{1}/_{2}$) und ich, sind im Urlaub und machen von unserer Ferienwohnung aus viele Ausflüge.

Am späten Nachmittag kommen wir von einer Dampflok-Fahrt zurück. Die Kinder schlafen im Auto ein, so dass wir sie bei Ankunft am Parkplatz wecken und die kleine Greta im Buggy zur

Wohnung schieben, die etwa 50 Meter entfernt ist. Trotz liebevollem Wecken ist Norman weinerlich und sagt, dass er hier sitzen bleiben will. Also schnalle ich seinen Gurt ab und hebe ihn heraus, damit mein Mann das Auto abschließen kann. Laut protestiert Norman dagegen; genervt geht mein Mann schon mal mit Greta zum Haus.

Ich schaue Norman an, gehe in die Hocke auf Augenhöhe zu ihm und frage ihn freundlich: „Möchtest du mich zur Wohnung begleiten oder soll ich dich begleiten?“ und strecke ihm meine Hand entgegen. Er wird sofort ruhiger und antwortet: „Ich führe Dich, Mami“, nimmt meine Hand und geht langsam los.

26 Freiheit für Frösche

Wir sind im Urlaub auf dem Zeltplatz. Zur Freude aller Kinder gibt es hier unzählige Eidechsen und Frösche. Unsere Maike (4) ist ein großer Fan dieser Tiere, und so verbringt sie jede freie Minute damit, diese in allen möglichen Ecken und Löchern zu suchen und zu fangen.

Heute Nachmittag sind wir zum Baden und wieder einmal sammeln viele Kinder Frösche. Als ich dazukomme, hat Maike bereits einige gefangen und in ihrem Eimerchen untergebracht. Mir tun die Tierchen Leid und ich erkläre und erkläre und erkläre, z. B. dass die Tiere jetzt wahrscheinlich Todesängste verspüren, in der Hoffnung, dass Maike sie laufen lässt. Leider stoße ich damit auf taube Ohren. Maike kann das nicht nachvollziehen, denn sie geht doch schließlich „so lieb und zart mit den Fröschlein um“. Als wir später zurück zum Zelt wollen, überlege ich, wie ich es anstellen kann, dass Maike die Frösche wieder frei lässt, ohne mich unter Einsatz meiner Macht dabei durchzusetzen. Denn bereits am Morgen war Maike schon etwas frustriert, als sie eingefangene Eidechsen auf mein Drängen hin wieder laufen lassen musste, zumal es andere Kinder gibt, die diese mit Erlaubnis ihrer Eltern behalten dürfen. Ich denke nach, wie ich hier nun Wahlmöglichkeiten einsetzen könnte, und vor allem welche. So sage ich zu Maike, dass wir noch fünf Minuten hier bleiben, damit sie die Frösche noch rum tragen kann, wir dann aber gehen müssen und sie die Tiere wieder laufen lassen müsse. Sie könne sich dann aber aussuchen, ob sie sie gleich hier unten am Ufer wieder frei lässt, oder ob sie sie in ihrem Eimerchen noch den Weg mit rauf tragen will und dann oben am Wegesrand laufen lässt. Darauf lässt sie sich bereitwillig ein und entscheidet sich für die zweite Möglichkeit. Als es soweit ist, versucht sie mich noch einmal kurz davon zu überzeugen, dass die Frösche doch bestimmt gerne mitkommen würden. Als ich Maike aber an ihre Entscheidung erinnere, lässt sie die Frösche auch sogleich frei.

Ich freue mich, ein zufriedenes Kind zu sehen und darüber, dass ich das Wissen um die Wahlmöglichkeiten habe und es erfolgreich einsetzen kann.

27 Zähneputz-Theater

Wenn es ums Zähne putzen geht, wird Kerstin (6) schwierig. Sie wirft sich auf den Boden, schreit und mault herum, dazu sei sie nun aber viel zu müde. Karin (4) will natürlich nun auch keine Zähne mehr putzen. Zwei müde, maulige Kinder ‚produzieren' natürlich zwei entnervte Eltern, die nun am Ende ihrer Geduld sind und auch keine Lust mehr haben. Unsere früheren Reaktionen: erklären, warum Zähne-Putzen nötig ist; gar nichts mehr sagen und die Kinder ‚mit Gewalt' vor das Waschbecken stellen und ihnen die Zähne gegen ihren Willen putzen; Zähneputzen sein lassen und die Kinder so ins Bett schicken.

Allabendlich wende ich nun die Methode der eingeschränkten Wahlmöglichkeiten an. Ich frage Kerstin: „Willst du dir die Zähne putzen oder soll ich sie dir putzen?" Oder in leichter Abwandlung: „Soll ich dir die Zähne putzen oder Papa?" Kerstin steht dann auf und antwortet meist, dass ich ihr die Zähne putzen soll. Sie steht einfach auf, meckert nicht, ich muss keine Erklärungen geben.

Mein Mann und ich sind immer wieder erstaunt, vor allem, weil ich ja jeden Abend dieselben Fragen stelle.

28 Gemecker beim Essen

Steffi (8) nörgelt gern am Essen herum. Es fällt mir schwer, das gelassen hinzunehmen. Es ärgert mich, dass ich mir Mühe mit dem Kochen gegeben habe und sie dann trotzdem nicht zufrieden ist. Außerdem essen mein Mann und ich nicht gern jeden Tag Nudeln. Vor einiger Zeit habe ich den Kindern gesagt, dass wir Eltern auch gern mal andere Gerichte ausprobieren wollen. Ich bin bereit für eine einfache Alternative zu sorgen, wie ein Butterbrot oder ähnliches, wenn das Essen sehr ausgefallen ist.

Ich ahne, dass Zwiebelkuchen für die Kinder zu exotisch ist. So beschließe ich zusätzlich fertige Gnocchi zu erwärmen, die Steffi bisher immer gern gegessen hat. Sie fängt an, am Essen herumzumeckern. Ich reagiere nicht darauf, da ich mich ja an unsere Regeln gehalten habe. Ich bin ruhig und entschlossen. Auch dazu, Steffi hungrig ins Bett gehen zu lassen. Ich sage nur: „Steffi, du darfst dir aussuchen, ob du Zwiebelkuchen oder Gnocchi essen möchtest." Ohne es auszusprechen, ist ganz klar, dass es nur diese beiden Möglichkeiten oder gar nichts zu essen gibt.

Steffi isst zunächst gar nichts. Wir anderen unterhalten uns völlig entspannt. Nach einer ganzen Weile beginnt sie auch zu essen. Wir beenden die Mahlzeit und Steffi räumt mit uns gemeinsam den Tisch ab. Wir sind alle zufrieden und friedlich.

Ich freue mich über diese gelungene Mahlzeit. Mir fällt auf, dass Situationen, in die ich mit klaren Vorstellungen gehe, besser gelingen. Es ist schön, Machtkämpfe auf diese Weise immer öfter zu verhindern.

29 Keine Spülmaschine im Ferienhaus

Seit etwa drei Jahren haben wir in den Sommerferien eingeführt, dass die Kinder das Frühstücksgeschirr im Ferienhaus spülen. Das ist leicht zu bewältigen. Zu Hause haben sie nur sonntags abwechselnd diesen Dienst. Nach anfänglichem Gemaule klappt es ganz gut.

Einen Morgen wünscht sich mein Mann, dass wir eine kleine Bootstour machen. (Man ist bei uns alle vier Tage dran mit Wünschen für den Tagesablauf.) Start ist um elf Uhr. Da muss man natürlich pünktlich sein. Ich frage Tristan (12), ob er noch vorher spülen möchte oder erst am Nachmittag, nach der Rückkehr, weil es jetzt morgens vielleicht etwas knapp ist? Er entschließt sich für den Nachmittag.

Als wir zurückkommen, ist der Spül natürlich vergessen. Als Tristan um die Ecke kommt in die Küche: ach, der Spül...! Ich höre seine Bemerkung, gehe aber überhaupt nicht darauf ein und mache meine Dinge weiter. Kurz darauf lässt Tristan Wasser einlaufen. Markus (10) greift später zum Abtrockentuch. Schnell sind sie beim Fachsimpeln über die Tour de France, das Arbeiten geht nebenbei.

Ich merke wieder einmal, wie wichtig es ist, dass ich selbst die von den Kindern getroffene Wahl innerlich als verbindlich ansehe und mich nicht von ihrer Erfüllung abbringen lasse. Tristans Entscheidung am Morgen haben wir ernst genommen. Als das später dann Gegenwart ist, ist ihm die Verbindlichkeit der Entscheidung klar.

30 ‚Baddienst' kein Problem

Unsere Söhne Mark (16) und Ingo (13) haben ihre Zimmer unterm Dach und benutzen dort auch gemeinsam ein kleines Bad. Mit dem Saubermachen wechseln sie sich wochenweise jeweils freitags oder samstags ab. Wer ‚Baddienst' hat, ist auch dafür zuständig, dass der Wäschekorb mit der schmutzigen Wäsche in den Keller gebracht wird.

Heute, am Montag, bemerke ich, dass keine Wäsche im Keller angekommen ist. Ich vermute, dass auch das Bad am Wochenende nicht geputzt worden ist. Mein Verdacht bestätigt sich. Ein Blick auf den Plan genügt: Ingo ist an der Reihe. Zuletzt hab' ich geübt auf Kritik zu verzichten. Das kommt mir jetzt zugute, denn ich weiß, dass ich mit Vorwürfen und Schimpfen wahrscheinlich nur eine schlechte Stimmung erzeugen werde, zumal Ingo geplant hat, sich bald auf den Weg zu einem Freund zu machen, um dort auch zu übernachten.

Diese Woche übe ich ‚eingeschränkte Wahlmöglichkeiten'. Statt „bevor du das Bad nicht geputzt hast, darfst du nicht aus dem Haus gehen!" frage ich ruhig: „Kann es sein, dass du vergessen hast, das Bad zu putzen und die Wäsche in den Keller zu bringen?" Ingo denkt kurz nach und scheint sich zu erinnern. Ich frage ihn: „Willst du es jetzt gleich machen oder bevor du zu Nico gehst?

Er schaut mich ein bisschen verdutzt an, überlegt kurz und sagt dann: „Ach, lieber jetzt gleich. Ich will mit Mark noch einen Film gucken". Und er macht sich gleich an die Arbeit. Als er die Wäsche in den Keller bringt, sage ich ihm: „Ja, gut so, dann kann ich das gleich noch mitwaschen!"

So haben wir die Situation ohne Stress hinter uns gebracht. Ich musste mich nicht aufregen und Ingo musste sich nicht schlecht fühlen. Ich war selbst erstaunt, wie prompt er reagiert hat, weil er keinen Druck spürte und sich frei entscheiden konnte, wann er die Arbeit machen wollte.

Weg mit der ‚Rotstiftbrille'!

Wer die Menschen für gut hält, macht sie besser.
(Alfred Adler)

Auf das Gute zu sehen, lenkt den Blick weg von Fehlern hin zu dem, was wir als gut anerkennen können. Es ist eine gute Übung, den Blick für alles zu verschließen, was uns stört – ob beim Kind oder beim Partner – und genau hinzusehen, was wir Gutes entdecken können, ob es nun das Lächeln eines Kindes ist, seine Ernsthaftigkeit, sein Humor, seine Fähigkeit, sich im Spiel zu konzentrieren, seine Fantasie, sein Teilen mit dem kleinen Bruder, seine Fähigkeit, sich auszudrücken, kreative Ausreden zu finden, sein praktisches Geschick, seine Fröhlichkeit oder sein Singen und Tanzen.

Fast alle Eltern leben im Glauben, dass Kinder ihr störendes

Verhalten ändern, wenn sie ihnen sagen, was sie falsch machen. Leider ist oft das Gegenteil der Fall, denn

Was wir wichtig machen, verstärkt sich. Machen wir die Fehler oder die Probleme wichtig, werden sie größer. Wenn wir das Gute wichtig machen, wird das wachsen.

Wenn Sie den Kindern sagen, was Ihnen gefällt, geben Sie ihnen damit auch eine Richtschnur für das, was Sie gerne hätten. Wenn Sie dem Kind genau beschreiben, was Sie sehen, ist das Anerkennung, die tiefer geht als ‚toll' und ‚klasse' – Rufe.

Ich sehe, dass du dir Mühe gibst, sauber zu schreiben.

Ich sehe, dass du schon den Ranzen gepackt und ans Turnzeug gedacht hast!

Ich sehe, wie friedlich du mit deinem Bruder spielst und ihm deine Autos leihst.

Ich sehe, dass du deine Anziehsachen schon auf den Stuhl gelegt hast.

Manchmal können gerade heranwachsende Jugendliche mit einer schriftlichen Anerkennung, einem so genannten **Ermutigungszettel**, leichter umgehen als mit einer mündlichen Ermutigung, die sie in diesem Alter oft peinlich finden.

Die Übungsaufgabe heißt hier:
Das Gute sehen

31 Der ‚große' Bruder

Mein Sohn Rolf (10 Monate) kann seit einiger Zeit krabbeln. Gerd (3) fühlt sich total für ihn verantwortlich. Als ich von der Küche ins Wohnzimmer komme, hat Gerd Rolf hochgehoben und zieht ihn durchs halbe Wohnzimmer. Ich habe Angst, dass Gerd ihn fallen lassen könnte, dennoch schimpfe ich nicht gleich los. Ich frage ihn, was er da macht. Gerd sagt, dass Rolf sich an der Stereoanlage hochgezogen hat, und er ihn wegholen wollte. Da sehe ich, dass Gerd es gut gemeint hat. Ich sage ihm, dass ich es gut finde, wenn er auf Rolf aufpasst. Gerd strahlt über sein ganzes Gesicht, er ist richtig stolz. Ich bin froh, dass ich die guten Absichten erkenne und nicht gleich losschimpfe.

32 ‚Nur' eine Drei

Lara (7) hat sich in Deutsch um eine Note verschlechtert. Sie kommt nach Hause und teilt mir mit, dass sie in ihrem Diktat diesmal eine glatte Drei hat. Wir haben vorher viel geübt, und sie konnte die Wörter, so kann ich mir die Drei nicht recht erklären.

Sie gibt mir ihr Diktatheft und ich schaue mir ihre Arbeit an. Ich bin froh, dass sie aus dem Zimmer geht, weil ich meine Enttäuschung über ihre Schusseligkeitsfehler nicht zeigen will. Sie kommt zurück und schaut mich traurig an. Ich schlucke meine Enttäuschung und meine Kritik runter. Ich sehe ihr an, dass sie sich nicht gut fühlt. Sie fängt an zu weinen. Sie hat doch so viel geübt und es hat nichts gebracht.

Ich merke, wie fast schon ein zärtliches Gefühl durch meinen Bauch geht. Ich nehme sie auf den Schoß, schaue mit ihr das Diktat gemeinsam an und frage sie, ob ihr denn etwas auffällt. Sie schüttelt den Kopf. Ich erkläre ihr, dass das Üben schon etwas gebracht hat, denn sie hat sich seit der letzten Arbeit um zwei Fehler verbessert.

Ein leichtes Lächeln huscht über ihr Gesicht und sie sagt: „Ja, das stimmt."

33 Aus Fehlern gelernt

Clara (11) darf ihre Patentante besuchen. Zum ersten Mal fährt sie allein Bahn, zwei Stunden mit dem ICE. Sie wird ein Wochenende bleiben.

Sie will packen. Normalerweise – für den Urlaub – legen die vier Kinder ihre Sachen aufs Bett, und wir gehen sie gemeinsam durch, damit nichts vergessen wird. Heute will sie das nicht. Sie will allein packen, ich soll mich nicht darum kümmern. Ich habe Bedenken, aber da ich viel zu tun habe, lasse ich sie. Mein Vorhaben, die Tasche später zu kontrollieren, fällt einem langen Telefongespräch zum Opfer.

Claras Patentante erzählt mir ein paar Wochen später, dass die beiden viel Spaß miteinander hatten. Sie hatte amüsiert festgestellt, dass Clara genügend Pullover und Hosen für eine Woche dabei hatte, aber weder Schlafanzug noch frische Unterwäsche. Auch die Socken seien knapp gewesen. Ich nehme mir vor, mit Clara darüber zu sprechen, vergesse es aber im Lauf des Tages. Darüber bin ich heute sehr froh, denn:

Drei Wochen später sind Pfingstferien, das übliche Pfadfinderlager steht ins Haus. Ich sehe, wie Clara eine lange Liste schreibt. Als Überschrift lese ich: ‚nicht vergessen!'

Nicht nur Clara hat aus der Erfahrung gelernt. Dadurch, dass ich keine Zeit zum Kontrollieren hatte und vergaß, sie zu ermahnen, hat sie die richtigen Schlüsse aus ihrer Erfahrung gezogen. Meine Schlüsse: Kinder können viel mehr als man denkt, und ohne Schlafanzug zu verreisen, ist kein Weltuntergang!

34 Musik zum Geburtstag

Der 75-jährige Geburtstag meiner Mutter steht an. Bei uns ist es üblich, dass – soweit möglich – jeder etwas zur Geburtstagsfeier beiträgt. Unser Sohn Bruno (13) lernt seit sechs Jahren klassische Gitarre. Beim Abendessen frage ich ihn: „Was spielst du eigentlich Oma zu ihrem 75. Geburtstag vor?" „Gar nichts", ist die mürrische Antwort. „Aber du weißt doch, wie sehr sich Oma freut", ist mein Einwand. „Ist mir egal, ich habe keine Lust, vor der ganzen Verwandtschaft etwas vorzuspielen!", meint er energisch. Jetzt will sich mein Mann einschalten. Doch da zu befürchten ist, dass die Situation eskaliert, lenke ich das Gespräch schnell auf ein anderes Thema. Später meint mein Mann zu mir: „Das mit dem Vorspielen wird wohl nichts werden!" Doch ich antworte: „Warts ab, ich glaube, ich bringe ihn soweit."

In den nächsten Tagen mache ich ab und zu (möglichst unauffällig) ermutigende Aussagen über sein Gitarrenspiel, wenn er übt. Ein Stück gefällt mir besonders gut und ich sage ihm, dass ich das gerne höre und dass es so schön klingt. Tags darauf höre ich, wie er dieses Stück immer und immer wieder übt – und ich freue mich schon insgeheim. Am nächsten Tag sage ich zu ihm, als er gerade wieder beim Üben ist, „Dieses schöne Stück könntest du doch Oma vorspielen." „Ach Mama, das habe ich doch sowieso vor", antwortet er mir lächelnd.

Von sich aus hat er seinen Widerwillen gegen das unangenehme Gefühl, im „Rampenlicht" zu stehen, überwunden, um seiner Oma eine Freude zu machen. Ich bin sicher, dass mein Glaube an ihn dazu beigetragen hat, dass kein Druck und Streit entstanden sind.

Das Vorspiel hat sehr gut geklappt. Er war sichtlich stolz über seine Leistung und erhielt viel Anerkennung. Insgesamt eine gute und wichtige Erfahrung für ihn! – und auch für mich, da ich früher viel mehr mit Druck als mit Vertrauen ‚gearbeitet' habe.

35 Zuwenig Schlaf und schlechte Laune

Die Pubertät von Markus (15) macht uns allen zu schaffen. Ich gebe mir große Mühe, mit ihm im Gespräch zu bleiben und nutze jede Gelegenheit, ihn zu ermutigen und ihm zu signalisieren, dass ich bemerke, wo er sich Mühe gibt.

Heute kommt er nach der Schule sehr müde nach Hause, da er am Abend vorher zu einem Konzert gewesen ist. Er ist äußerst knurrig. Es gelingt mir, ihn bei Laune zu halten und ihn dazu zu bewegen, sich zum Essen hinzusetzen, wozu er überhaupt keine Lust hat. Als ich ihm dann sage, wie gut ich es finde, dass er nach einer kurzen Nacht es schafft, pünktlich zur Schule zu gehen und dann auch noch Zeitungen auszutragen, ist das Eis gebrochen, und er erzählt begeistert vom Konzert. Wir unterhalten uns noch recht lange und er entspannt sich zusehends.

Weiß Ihr Kind, dass Sie sich interessieren?

Wir können unser Interesse zeigen, ohne Fragen zu stellen. Kinder beantworten selten gerne Fragen, aber reagieren auf unsere ‚Türöffner'. Wenn wir nachfragen, dann präzise: „Ist deine Freundin wieder gesund?" „Hast du wieder in der Bauecke gespielt?" Manchmal hilft es zu erzählen, was wir gemacht haben, um zu hören, was unser Kind erlebt hat.

Wenn wir Interesse zeigen üben, **beobachten** wir erst mal. Was tut das Kind? Womit spielt es gern? Was kann es gut? Wir können uns zum spielenden Kind setzen, ohne etwas zu sagen. Vielleicht fängt das Kind selber an zu erzählen, was seine Tiere, Spielfiguren, Puppen gerade machen. Wir **hören zu**, ohne zu bewerten oder zu kommentieren. Ein „ah, so ist das" oder dem Kind spiegeln, was es sagt oder tut („dein Auto fährt nach Bremen") öffnet uns weitere Türen.

Das Kind zeigt uns ein Bild. „Das hast du toll gemacht" ist ein Lob. Es bedeutet dem Kind weniger, als wenn wir uns das Bild genau anschauen. „Ein Weg führt zum Haus. Ich sehe, du hast die Haustüre rot gemalt und sie steht offen. Neben dem Haus hast du einen Baum gemalt, unter dem sitzt ein kleiner Hund." So zeigen wir, dass uns das Bild wirklich interessiert.

Wenn ein Kind Kummer oder Ärger hat, lassen wir es erzählen, ohne gleich Lösungen anzubieten. Seine **Gefühle** zu **spiegeln**: „Das hat dich wütend gemacht", „Du bist immer noch verärgert über deinen Freund", sind hilfreicher als: „Dann spielst du eben heute Nachmittag mit jemand anderem."

Die Übungsaufgabe heißt hier:
Interesse zeigen

36 Was mein Kind denkt

Meine Tochter Iris (9) kommt aus der Schule nach Hause und hat offensichtlich viel zu erzählen. Ich bin gerade beschäftigt und geneigt, sie auf später zu vertrösten. Aber: Interesse zeigen ist wichtig, wenn ich will, dass meine Kinder mich auch zukünftig an ihrem Leben teilnehmen lassen.

Also setze ich mich zu ihr und höre zu. Sie erzählt begeistert von dem neuen Pastor in unserem Schulbezirk, der heute zum ersten Mal den Religionsunterricht in der Schule gehalten hat. Ich interessiere mich für den Unterricht, für diesen neuen Pfarrer, den ich selbst noch nicht kenne, frage nach, lasse mir erklären. Ich bekomme den Eindruck, dass er es offensichtlich versteht, die Kinder anzusprechen und seinen Unterricht sehr lebendig zu gestalten. Ich registriere die Begeisterung bei Iris, die eigentlich vom Religionsunterricht nichts mehr wissen wollte, und freue mich mit ihr, dass sie jetzt auch gute Erfahrungen in diesem Fach machen kann.

Iris ist zufrieden, nachdem sie mir zu Ende erzählt hat. Mein Interesse hat Verbindung zwischen uns ermöglicht, und mir auch wieder den wichtigen Blick auf das Innenleben und die Gedanken meiner kleinen, und doch schon so großen Tochter geöffnet.

37 Mama und Fußball

Arne (11) interessiert sich fast ausschließlich für Fußball und Autorennen. Mich interessiert beides nicht, ich lehne es sogar ab. Er weiß, dass ich ihm darin keine Gesprächspartnerin bin. Trotzdem kommt er fast jeden Tag und erzählt mir etwas von Tabellen, Ergebnissen und ungerechten Entscheidungen, wobei ich meist „hm, hm" mache und die Ohren auf Durchzug stelle oder gleich gestehe, dass es mich, ehrlich gesagt, gar nicht interessiert.

An diesem Mittag kommt er zu mir und stöhnt über sein Problem, dass er den Vormittag über gewälzt hat. Er will eine eigene Fußball-Liga mit sämtlichen Spielverknüpfungen aufstellen. Auf dem Boden seines Zimmers habe ich viele vollbeschriebene Zettel liegen sehen. Eine riesige Fleißarbeit. Heute beschließe ich bei Tisch, seinem Problem meine ganze Aufmerksamkeit zu geben.

Ich staune ehrlich über seinen Durchblick, fange an mit ihm zu überlegen, wie er die Spielaufstellung einfacher und eleganter lösen könnte. Den Nachmittag über werkelt er weiter.

Abends beim gemeinsamen Essen mit der ganzen Familie bringe ich das Thema wieder ein, Arne greift es zu meiner Freude auf. Wir alle überlegen nun Lösungsmöglichkeiten. Eine letzte befriedigende Lösung finden wir auch zusammen nicht, erkennen es aber als ein mathematisches Problem und diskutieren es ernsthaft. Ich habe den Eindruck, er spürt, dass wir sein Interessensgebiet diesmal ernst nehmen. Die Atmosphäre am Tisch bleibt ruhig, wird weder durch Ungeduld noch durch Bevormundung verstimmt. Am nächsten Tag bricht er den Versuch sang- und klanglos ab, aber ich spüre, dies geschieht ohne ‚Frust'. Es war ein Versuch, keine Niederlage.

38 ‚Einladung in meine Welt'

Mein Sohn Ludwig (13) geht seit dem Frühjahr in die Vorkonfirmandengruppe. Ich war zwar mit ihm zum Kennenlern-Abend, aber sonst habe ich mich nicht viel um den wöchentlichen Unterricht und die Gottesdienstbesuche gekümmert. Ich glaube an eine höhere Macht, kann mich jedoch mit der Institution Kirche nicht anfreunden. Ludwig hingegen fühlt sich offensichtlich sehr wohl, denn er geht bereitwillig zu seinen Terminen, mit einer Gewissenhaftigkeit, die ich sonst häufig bei ihm vermisse.

Nachdem mir bewusst geworden ist, dass ich diesem Teil seines Lebens keine Aufmerksamkeit schenke, frage ich ihn, ob ich ihn am Sonntag zum Gottesdienst begleiten darf. Seine Augen leuchten und sein Lächeln spricht für sich.

Am Sonntag gehen wir gemeinsam in die Kirche. Ludwig kümmert sich um die Gesangbücher, sucht den ‚besten Platz' für uns aus und erklärt mir alles über Personen, wichtige Begebenheiten und anderes, von dem er meint, dass es für mich wissenswert ist. Ja, er lädt mich in seine Welt ein. Nach dem Gottesdienst wird die Anwesenheit der Konfirmanden auf einem Kärtchen vermerkt, und weil das ein wenig dauert und wir nahe bei der Kirche wohnen, fragt mich Ludwig, ob ich warte und wir auch gemeinsam nach Hause gehen können – und das, obwohl er im Moment eigentlich viel lieber seine eigenen Wege geht.

39 Flöte üben

Unser Sohn Fabian (14) geht zum Querflötenunterricht. Fabian übt selten länger als 5-10 Minuten, und meist erst, nachdem ich ihn bitte. Heute nimmt er die Flöte freiwillig zur Hand, was von mir gleich anerkannt wird. „Schön, dass du übst. Ich mag es, wenn du Flöte spielst."

„Hörst du mir zu?" fragt Fabian. Eigentlich will ich die Küche fertig aufräumen und eine Waschmaschine im Keller anstellen, doch dann erscheint es mir wichtiger, mein Interesse an Fabian und seinem Flötenspiel auch wirklich durch meine Anwesenheit zu dokumentieren. „Möchtest du, dass ich mich zu dir setze?" „Ja, das wäre schön," antwortet er. Also setze ich mich neben ihn auf die Couch und höre zu. Bei schwierigen Passagen ermuntere ich ihn, sie mehrmals hintereinander zu spielen, damit es flüssiger klappt. Ich selbst spiele kein Instrument und kann auch leider keine Noten lesen. Er erklärt mir, warum manche Töne so schwer zum Klingen zu bringen sind und welche Besonderheiten man beachten muss. Er spielt das zu übende Stück mehrmals hintereinander und dann spielt er mir auch noch ein paar ältere Stücke vor. Mir selbst macht es Spaß, ihm zuzuhören. Die Hausarbeit kann ruhig noch ein Weilchen warten. Fabian scheint das Flöte üben heute auch viel mehr Freude zu machen, denn er spielt nun schon über eine halbe Stunde. Er scheint richtig beflügelt durch mein Interesse, denn er ist mit Feuereifer bei der Sache. Nach etwa vierzig Minuten gehen wir beide mit einem guten Gefühl der Zufriedenheit unseren Arbeiten nach. Interesse zeigen kostet natürlich Zeit, bringt die Beteiligten aber auch ein Stückchen näher zusammen.

40 Einfach mal hineinhören

Caspar (17) hört Musik, die ich eigentlich nicht mag. Ich höre ein Stück Text und sage ein paar Worte dazu. Ich bin zwar auf dem Weg, etwas zu erledigen, entscheide mich aber spontan, bei Caspar zu bleiben, setze mich hin und höre zu. Dann bitte ich Caspar um den Text des Liedes und höre mir den Rest der CD an. Es ließe sich dazu viel sagen, aber mein Sohn ist nicht in Diskutierlaune. Wir belassen es bei ein paar Bemerkungen, und ich finde eine anerkennende Äußerung über die Musik, mit der ich sonst wenig anfangen kann.

Den ganzen Tag über herrscht eine warmherzige, liebevolle Atmosphäre zwischen uns beiden.

Papa, Mama, ihr hört mir gar nicht zu

Zum aufmerksamen Zuhören gehören Zeit, unsere volle Aufmerksamkeit und Blickkontakt.

Wir haben nicht immer Zeit. Die Erfahrung zeigt jedoch, dass es, besonders bei kleinen Kindern, schnell geht, uns dem Kind kurz mit voller Aufmerksamkeit zuzuwenden und zu hören, was es sagen möchte. Ein Kind, das ständig um unsere Aufmerksamkeit kämpfen muss, stört und „nervt" viel länger. Wenn wir jetzt wirklich nicht zuhören können, sollten wir das freundlich sagen, aber uns später die Zeit nehmen. So lernt das Kind, dass wir zuverlässige Partner sind.

Gewisse Techniken erleichtern die Gespräche mit Kindern. Selbstverständlich lassen wir sie ausreden und fallen ihnen nicht ins Wort, auch wenn sie langatmig erzählen. Zu viele Zwischenfragen lenken ab und unterbrechen den Fluss der Gedanken. Bewertungen (findest du das gut? das finde ich doof, gefährlich, leichtsinnig...) lassen Kinder verstummen.

Kinder fühlen sich verstanden, wenn wir ihre Gefühle benennen oder reflektieren. Es geht darum, sozusagen ‚zwischen den Zeilen zu hören', was das Kind wirklich bewegt. „Ich spiele nie wieder mit Daniel!" Warum-Fragen und Diskussionen würden das Kind frustrieren. „Du bist wütend auf Daniel" signalisiert Verständnis.

Oft bieten wir zu schnell Lösungen für Probleme an. Wenn wir den Frust und Ärger der Kinder zulassen, **finden sie oft selber gute Lösungen.**

Kinder haben viele Wünsche. Sie schauen sich einen Katalog an und wollen alles haben. Wir neigen dazu, ihnen zu erklären, dass das nicht geht. Viel leichter ist es, ihre Begeisterung zu teilen: „Ja, das ist ein tolles Auto! Es wäre schön, wenn du damit spielen könntest.“ Meistens ist damit das Thema erledigt.

Die Übungsaufgabe heißt hier:
Aufmerksam zuhören

41 Mein Kind plappert nur

Am Mittagstisch. Matthes (14), Andrea (12) und Sabine (10) wollen erzählen, immer eine schwierige Situation, da die Kinder rivalisieren. Sabine drängt sich immer wieder ins Gespräch. Eigentlich will ich sie zurechtweisen, aber die beiden anderen reagieren gelassen, also wende ich mich ihr zu. Sie scheint nichts zu sagen zu haben, und ich werde ärgerlich, anscheinend wollte sie nur Aufmerksamkeit auf sich lenken. Ich habe mir aber zuhören vorgenommen, also spiegele ich, was sie sagt. Plötzlich rückt sie mit einer unglaublichen Story heraus, die am Vormittag in der Schule passiert ist, mehrere Mitschüler betrifft und offenbar die Klasse sehr beschäftigt hat. Ich bin froh, dass ich meinem Ärger nicht nachgegeben habe, denn ich hätte die Geschichte sonst nicht erfahren.

Ähnlich ergeht es mir mit Sabine noch ein paar Mal. Ich setze mich bewusst an ihre Bettkante und lasse mich darauf ein, erst mal ‚Uninteressantes‘ zu hören. Mir wird klar, wie viel Bestätigung sie im Moment braucht.

42 Fieberträume und Haushaltsstress

Ein Grippevirus geht um. Unsere drei Kinder werden nacheinander von ihm gepackt und liegen tagelang mit Fieber im Bett. Ich gerate mit meinen Arbeiten ins Hintertreffen, manche Nächte sind unruhig. Nach einer Woche bin ich – ungerechterweise – gereizt, wenn eins der Kinder hustet.

Anna (11) geht es schnell besser. Sie zieht morgens vom Bett auf die Coach um. Ich bringe ihr einen Tee und setze mich kurz zu ihr. „Mama, ich habe vielleicht ein wirres Zeug geträumt letzte Nacht!“, sagt sie und hebt an, mir ihren Traum in allen verworrenen Einzelheiten zu erzählen. Mir schießt durch den Kopf, was ich alles noch zu erledigen habe, ich unterdrücke aber den Impuls ihr zu sagen, dass ich für ihre Erzählung keine Zeit habe, höre aufmerksam und freundlich zu, platziere an passenden Stellen ein „Ah“ oder „Du liebe Zeit!“. Schließlich schaut sie auf die Uhr und lächelt.

„Ich habe gerade wie ein Buch geredet, ganz schön lang, nicht? Jetzt darfst du aber einkaufen fahren. Ich fühle mich schon ziemlich gut.“

Ich gebe ihr einen Kuss auf die Nasenspitze und bestätige, dass die Zeit knapp ist.

„Übst du gerade Zuhören?“, fragt sie frech grinsend. „War echt o.k.!“

Finde ich auch!

43 Trennungsfolgen

Meine Tochter Luise (13) lebt erst seit kurzem bei mir, nachdem meine geschiedene Frau sie zu mir geschickt hat. Die Situation mit Luise ist sehr schwer, da sie die gesamte Situation nicht begreift und letztendlich mich als die einzig verfügbare Person für alles verantwortlich macht. Entsprechend ist ihr Verhalten fordernd, bestimmend, auf Konfrontation, Streit und Rache aus.

So fordert sie immer von mir, ich solle ihr zuhören, wenn sie etwas sagen will. Das ist stets sehr langatmig und überfordert mich. Ihre Erzählungen sind dann bis ins Kleinste strukturiert und getragen von der Angst, dass ich sie unterbrechen könnte. Da nach Zuhörzeiten von einer Viertelstunde und mehr und allen anderen vorangegangenen Belastungen meine Grenzen erreicht sind, kommt es hier immer wieder zu Konfrontationen.

Wir fahren mit dem Auto in den Nachbarort. Auf einem Parkplatz angekommen, fordert Luise mich vor dem Aussteigen auf, ihr zuzuhören und sie nicht zu unterbrechen und auch anschließend nichts zu sagen, sondern sie einfach gehen zu lassen. Ich stimme ihr zu, bleibe im Auto sitzen und höre ihr wirklich aufmerksam zu. Sie spürt das und beginnt mit ihrer Erklärung: Warum sie einen Hund haben will. Sie redet fast eine Dreiviertelstunde, ineinander geschachtelt, schlüssig, logisch aufgebaut, aber auch voller Angst unterbrochen zu werden. Ich kann Luise tatsächlich aufmerksam zuhören und erfahre so sehr viel von ihren Ängsten, ihrer Einsamkeit, ihrem Wunsch, einem Wesen Zuneigung und Liebe zu schenken. Ich erfahre dabei ebenso, dass sie sich verraten fühlt und niemanden mehr hat. Am Ende sagt sie, dass sie es fein gefunden hat, endlich einmal ausreden zu können und geht ihren Dingen nach.

Wir treffen uns eine Stunde später wieder am Auto. Ihre Stimmung ist gut. Seit dieser Erfahrung glückt es mir immer mehr, ihr zugewandt zuzuhören. Ihre Erzählungen, Fragen, Wünsche und Forderungen werden klarer und kürzer. Inzwischen kann sie sich oft schon in wenigen einfachen Sätzen ausdrücken. Ich verstehe sie und sehe beim Zuhören, bei dem ich mich ganz auf sie einstelle, vieles in ihr, was ich vorher nicht bemerkt habe.

Heute haben wir den Stand erreicht, dass sie fast sicher ist, dass ich ihr zuhöre und sie nicht unterbreche, wenn sie mich anspricht. Sie kann ihre Fragen, Geschichten, Probleme oder was immer oftmals ohne lange Vorrede aus der Alltagssituation heraus vorbringen. Sie ist jetzt entspannter, offener zu mir und baut keine Fronten mehr gegen mich auf. Es bildet sich sogar ganz vorsichtig eine kleine Vertrauensbasis.

Aus dem Hund wurde übrigens am Ende eine Ratte, da der Mietvertrag keine Hunde zulässt. Sie heißt Carlo und gibt Luise viel Freude.

44 Das interessiert mich eigentlich nicht

Wir haben uns angewöhnt, nach dem gemeinsamen Mittagessen noch eine Weile sitzen zu bleiben und zu erzählen, was jeden so bewegt, und was er erlebt hat. Eines Mittags fällt mir auf, dass mein

Sohn Kevin (18) schon seit Tagen stiller ist und sich in sein Zimmer zurückzieht, sobald er aufgegessen hat, während meine Tochter Silke (15) munter weiter erzählt. Das finde ich schade und bitte ihn doch noch zu bleiben. Aber er meint, er hätte zu viele Hausaufgaben auf.

Erst nehme ich das so hin, aber als sich nach einigen weiteren Tagen nichts ändert, mache ich mir doch Gedanken. Dabei fällt mir auf, dass ich in letzter Zeit lieber Silke zugehört habe. Kevin erzählt mir mit Vorliebe und Begeisterung Teile aus Unterhaltungssendungen, mit denen ich nicht viel anfangen kann, und darum wandte ich mein Interesse ziemlich schnell wieder Silke zu.

Während des nächsten Essens frage ich nach einer dieser Sendungen. Als hätte er darauf gewartet, legt er gleich los. Diesmal höre ich bewusst zu. Und es sind tatsächlich einige Stellen dabei, über die ich auch lachen oder schmunzeln kann. Es macht mir Freude, ihn wieder so aufgeschlossen zu sehen. Das hält bis jetzt an. Er erzählt wieder, ohne besonders aufgefordert zu werden und auch aus der Schule und von seinen sonstigen Erlebnissen.

Ich habe gemerkt, dass es wichtig ist, auch dann zuzuhören, wenn mir das Thema nicht so wichtig erscheint.

Erhitzte Gemüter brauchen Abkühlung

Wenn Sie einen Dampfkochtopf auf dem Herd haben, der pfeift und zischt, dann nehmen Sie ihn selbstverständlich von der Flamme.

Mal wütend sein, ist ganz normal, bei Erwachsenen wie bei Kindern. Aber dieses Gefühl sollte niemals direkter Handlungsmotor sein. Deshalb ist es für Eltern wie Kinder besser, sich erst mal abzukühlen. Abkühlungsphasen sind besonders nötig, wenn wir mit dem Kind in Machtkämpfe verstrickt sind.

Sie können dem Kind vorschlagen, dass Sie beide sich jetzt trennen. Das könnte so klingen: „Jetzt sind wir beide wütend, und es ist besser, wir kühlen uns ab. Geh du in dein Zimmer, such dir etwas, was dich beruhigt, und ich werde dasselbe tun. Später, wenn wir nicht mehr wütend sind, können wir darüber reden..."

Dann sagen Sie nichts weiter, sondern gehen.

In einer ruhigen Minute können Sie mit dem Kind besprechen, was hilft, wenn man sich abkühlen möchte – ob es dem Teddy seine Wut klagt, Kassette hört, ein Buch anschaut, die Kullerbahn in Gang setzt oder im Garten schaukelt. Und Sie können ihm vorleben, wie Sie das als Erwachsene machen: einmal um den Block radeln, eine Zeitschrift durchblättern, den Kühlschrank putzen oder die Handwerkskiste sortieren.

Später können Eltern und Kinder wieder zusammen kommen – im Zweiergespräch oder im Familienrat. Dann können sie in Ruhe miteinander reden und Lösungen zu dem Konflikt finden.

Das Abkühlen ist keine Strafe! Es dient dazu, das innere Gleichgewicht wieder zu finden. Deshalb ist es wichtig, dass Sie handeln und nicht reden. Wenn Sie reden, dann bitte freundlich. Wenn Sie Ihrer Wut durch Worte Ausdruck geben, entstehen meistens seelische Verletzungen, die zu neuen Konflikten führen.

Die Übungsaufgabe heißt hier:
Eine Abkühlungsphase einschalten

45 Streit den ganzen Tag

Johannes (3) ist den ganzen Tag über schon sehr aggressiv. Ich weiß nicht, was mit ihm los ist. Er schlägt seinen Bruder und seinen Cousin Paul (3). (Paul kommt jeden Morgen zu uns, ich bin sozusagen seine ‚Tagesmutter'.)

Ich probiere alles aus. Zum Beispiel muss er aus dem Zimmer, weil ich der Meinung bin, dass er nicht mehr mitspielen kann, wenn er sich den anderen Kindern gegenüber so verhält. Das sage ich auch so zu ihm. Nach einer Weile frage ich ihn: „Hast du dir überlegt, ob du wieder mitspielen willst?" Er antwortet mit einem Kopfnicken. Eine Stunde geht es gut, dann schlägt er Paul schon wieder.

Eine Zeitlang kann ich noch ruhig bleiben. Doch ich merke, es macht mich langsam wütend. Ich fühle mich hilflos. Der Höhepunkt ist am Abend erreicht. Paul und Johannes stehen am Tisch nebeneinander, sie wollen etwas trinken. Ich schaue einen Moment nicht hin, da schubst Johannes Paul so, dass er mit dem Kopf leicht an die Tischkante schlägt. Ich raste aus, schimpfe mit Johannes und ziehe ihn an seinem Arm mit. Meine Gedanken überschlagen sich, ich bin so wütend, dass ich ihm am liebsten den Po verhauen möchte. Doch ich ziehe mich allein nach draußen zurück und schließe vor ihm die Tür. Er schreit und weint natürlich. Ich gehe allein in den Garten und atme erst einmal tief ein und aus. Dann versuche ich meine Gedanken zu ordnen. Ich sage mir: „Jetzt beruhige dich erst einmal wieder, du weißt, wütend sein, sich aufregen, das bringt überhaupt nichts." Ich fühle, wie ich schon ruhiger werde.

Es vergeht eine Viertelstunde, dann bin ich wieder so ruhig, dass ich zu Johannes gehen kann. Ich mache die Tür auf, er kommt direkt in meine Arme. Ich kann wieder freundlich und normal mit ihm reden. Ich frage ihn: „Findest du, dass das in Ordnung war, was du gemacht hast?" Er schüttelt den Kopf. Dann frage ich ihn: „Möchtest du dich jetzt bei Paul entschuldigen?" Er nimmt meine Hand, wir gehen gemeinsam zu Paul. Johannes streichelt Pauls Gesicht und sagt: „Entschuldigung Paul." Danach gehen sie zusammen in den Sandkasten. Sie spielen friedlich zusammen, bis wir alle rein gehen. An diesem Abend ist nichts mehr vorgekommen. Die Atmosphäre ist sehr entspannt. Ich bin froh, dass ich durch die Abkühlungsphase noch einmal die ‚Kurve gekriegt' habe.

46 Das will ich aber selber haben!

Heute ist Hendrik (6) auf der Geburtstagsfeier seines Freundes Marvin eingeladen. Ich habe schon vor längerem für Marvin ein Spielzeugauto gekauft, das ich nun Hendrik zeige und dann einpacken will. Als er, ein großer Auto-Fan, das Auto sieht, fängt er an zu betteln, dieses Auto nicht zu verschenken, er möchte es selbst bekommen und auch von seinem Taschengeld bezahlen.

Ich erkläre ihm ruhig, dass das nicht geht, weil dieses nun für Marvin ist, ich ihm aber gerne ein gleiches aus dem Supermarkt mitbringe, sobald es sie wieder gibt. Zurzeit sind sie nämlich dort ausverkauft. Hendrik steigert sich immer mehr in seinen Wunsch hinein, nun auch aus Angst, dass vielleicht doch kein Auto mehr zu bekommen ist. Er will unbedingt dieses Auto für sich. Ich rede und argumentiere und werde dabei immer wütender. Mittlerweile weint und schreit Hendrik. Ich merke, dass ich mit meinen logischen Argumenten im Moment nicht weiterkomme und dass eine Abkühlungsphase nötig ist. Ich sage: „Du, Hendrik, so wird das nichts, ich will jetzt nicht mehr darüber sprechen, wir reden später darüber". Dann gehe ich aus dem Zimmer. Leider ist unser Bad besetzt, und so nehme ich mir ein Tuch und beginne abzustauben. Dabei höre ich, dass Hendrik hoch an den Computer geht und sich ein Spiel anmacht. Ich weiß, dass er das als Provokation macht, denn Computer gibt es normalerweise nur nach Absprache und grundsätzlich nie morgens. Daran hält Hendrik sich normalerweise auch. Ich erkenne den Automateneffekt und gehe nicht darauf ein, sondern tue so, als würde ich das gar nicht mitbekommen. Stattdessen mache ich mir während des Staubwischens positive Gedanken über Hendrik, dabei beruhige ich mich. Nach einiger Zeit kommt er herunter, und auch er hat sich abgekühlt und redet ganz ruhig. Ich nehme ihn in den Arm und setze mich mit ihm hin. Dabei reden wir noch mal in Ruhe über das Auto, und er ist einsichtig. Ich sage ihm auch, dass ich ihn gut verstehen kann und mich bemühe, so schnell wie möglich so ein Auto zu besorgen. Dann erwähne ich noch nebenbei, dass diese Zeit, die er jetzt am Computer gespielt hat, von seinen täglichen 40 Minuten Computer-Fernsehzeit natürlich abgezogen wird; mehr sage ich zu diesem Thema nicht. Auch das ist für ihn in Ordnung. Er lächelt mich an, wir schmusen ein bisschen und es geht uns gut miteinander. Ich bin sehr froh, dass ich da vorher den Absprung geschafft habe und auch nicht wieder eingestiegen bin. Ich fühle mich rundum zufrieden!

47 Stolperfalle Schuhe

Unser kleiner Hauswirtschaftsraum grenzt an die Küche und hat gleichzeitig Seitenzugang zum Garten. Von dort geht es rein und raus, vor allem werden hier die Schuhe geparkt. Jetzt ist es Abend, einer der drückend heißen Tage, an denen die Luft nicht abkühlt. Heute erledige ich den großen Abendabwasch samt Fegen und Wischen von Küche und Hauswirtschaftsraum. Meine Begeisterung für die Arbeit ist nicht sehr ausgeprägt. Sandra (12) und Torben (10) haben sich nach oben verzogen und ich höre sie ‚sich vergnügen'. Da falle ich fast über zwei mitten im Hauswirtschaftsraum stehende Paar Schuhe.

Es kocht hoch in mir: „Habe ich nicht schon hundert Mal ...? Von wegen Schuhe an die Seite stellen?" Im ersten Affekt will ich in die Diele stürmen und nach oben rufen und über die Schuhe meckern, mit entsprechendem Tonfall, versteht sich. Erst mal gebe ich den Schuhen mit dem Besen einen anständigen Kick. In die Diele komme ich auch noch, werde mir aber schon bewusst, was ich da treiben will, nämlich schreien und meckern – nur raus muss noch irgendetwas aus mir! So benutze ich ein Ersatzventil: „Leute, macht doch oben schon mal alle Fenster auf und tüchtig Durchzug, dass wir Luft kriegen!" Mir Luft machen ist buchstäblich das Thema! Von oben kommt eine zustimmende Reaktion.

Ich gehe zurück in die Küche und merke, dass meine Wut nachlässt. Ist das mit den Schuhen eigentlich so schlimm? Dass der Hauswirtschaftsraum so klein ist, dafür können die Kinder ja nichts. Und dafür, dass ihre Schuhe jetzt so unverschämt riesig sind, auch nicht. Sie ziehen sie ja aus und halten sich an diese Spielregel.

Während meiner Gedanken wird das Thema immer unwichtiger. Mir wird auch mal wieder klar, dass mein Ordnungsbedürfnis in manchem überzogen ist und andere einschränken kann, besonders zwei Kinder, die da mit Schwung ins Haus rein kommen an einem Sommertag. Ihre Stimmung bleibt ungetrübt, weil ich ihnen mein überflüssiges Donnerwetter erspare. Bei Gelegenheit, in einer entspannten Minute, kann ich sie noch mal bitten, auf die Enge im Hauswirtschaftsraum und mein vieles dort Arbeiten Rücksicht zu nehmen.

48 Heißes Thema Computerzeit

Christoph (15) und Markus (11) sind in Christophs Zimmer am PC. Solange Markus nicht selbst spielt, muss er das auch nicht mit mir besprechen. Als ich, nach dem Anklopfen, den Raum betrete, spielt Markus und die abgesprochene Konsequenz greift: PC aus und für heute keinerlei Bildschirmgucken.

Damit es zwischen den Jungen zu keinem Zwist kommt, wenn Christoph den PC runter fährt, bitte ich ihn mir zu sagen, wie ich aus dem Computerspiel komme. Christoph weigert sich strikt, mir Auskunft zu geben und wir rutschen in einen Machtkampf. Ich fahre den PC nach kurzer Zeit selber herunter und spüre: Ich brauche eine Abkühlungsphase!

Ich nehme den Einkaufskorb und erledige meine Resteinkäufe für das Wochenende. Ich höre im Auto schöne Musik und schaue mir die positiven Seiten des Großen an (Engagement bei Schulprojekten, Umgang mit Klassenkameraden, seine Selbstständigkeit ...) und überlege mir, dass ihm wahrscheinlich nur dieses oder jenes Verhaltensrepertoire bei Streitigkeiten mit mir zur Verfügung steht.

Als ich vom Einkauf zurückkehre, öffnet sich die Haustür und Christoph fragt mich, ob er mir beim Ausladen helfen kann. Wäre ich zu Hause geblieben, hätte sich noch einiges gefunden, um unsere Auseinandersetzung in Gang zu halten. So aber, mit dem Abstand, konnten wir ein Ende finden. Es gab keinen Restgroll und wir haben einen friedlichen Tag verbracht.

49 Vater, Sohn und Computer

Wir, das sind Peter (15), sein Vater und ich, sitzen am Tisch und frühstücken. Es ist Samstagmorgen und zwei schulfreie Tage liegen vor uns. Für Peter vor allem viel Zeit zum Computerspielen. Das ist für uns Eltern ein heißes Thema. Immer wieder gab es in der

Vergangenheit Diskussionen, Ausnahmen, von Peter nicht eingehaltene Abmachungen, und als Folge computerfreie Zeit. Ich wünsche mir, dass wir eine Regelung finden, mit der alle drei zufrieden leben können.

Die Stimmung ist gut und wir reden darüber, was heute so angesagt ist. Das Stichwort Computerspielen löst eine Grundsatzdiskussion vor allem zwischen Vater und Sohn aus. Ich bin mehr eine stille, beobachtende Beisitzerin des immer hitziger werdenden Gesprächs. Dabei wird mir klar, dass die Argumente des Vaters beim Sohn gar nicht ankommen, ja er will sie gar nicht hören. Und der Vater beharrt stur auf seinem Standpunkt.

Die Stimmen der beiden werden immer lauter. Und dann ist plötzlich Stille. Frage von Peter: „Was meinst du denn zu dem Ganzen, Mama?" Ich äußere kurz meine Wahrnehmung und dass wir so doch nicht weiter kommen. Auf meinen Vorschlag, dass wir in Ruhe noch einmal darüber reden, vielleicht in einer halben Stunde, lassen sich die beiden ein. Jeder kann sich ja noch einmal Gedanken darüber machen, wie wir das heute regeln.

Und tatsächlich, nachdem die Erregung sich gelegt und jeder von uns etwas Abstand gewonnen hat, ist es möglich, zu einem guten Ergebnis zu kommen. Wir haben eine feste und begrenzte Zeit vereinbart, mit der unser Sohn einverstanden war. Es war vor allem die Tatsache, dass wir uns für das gemeinsame Gespräch Zeit genommen haben, was diese Veränderung herbeigeführt hat.

Steigen Sie aus Machtkämpfen aus!

Wenn ein Kind in einen Machtkampf gerät, muss es genau das tun,
was es nicht tun darf und sich weigern zu folgen.
Das ist für das Kind eine Frage der Ehre.
(Dreikurs)

In einem Machtkampf wollen beide Parteien unbedingt gewinnen. Streitet man lange genug, wird auch einer gewinnen, scheinbar. Der andere fühlt sich dann besiegt und unterlegen und sinnt auf

Rache. Er wird morgen wieder angreifen, um diesmal selbst zu gewinnen. Das ist in der Politik so und auch in der Familie.

Mit anderen Worten, bei Machtkämpfen gibt es nur Verlierer! Deshalb ist es am besten auszusteigen. Aus Machtkämpfen aussteigen ist Krisenintervention. Das ist die Aufgabe der Eltern.

Wenn Sie sich von Ihrem Kind provoziert fühlen, wenn es tobt, schreit, stampft oder trotzt, trödelt oder passiven Widerstand bietet, dann entfernen Sie sich. Dreikurs empfiehlt die Badezimmertechnik: Gehen Sie ins Bad und schließen Sie sich ein. Halten Sie da ein Buch oder eine Zeitschrift bereit, das lenkt Sie ab. Nachdem Sie ein paar Absätze gelesen haben, haben Sie sich beruhigt und können sich fragen, worum es denn eben eigentlich ging. Wenn das Geschrei vor der Tür Sie stört, schalten Sie ein Radio ein. Ganz wichtig: **Sie entfernen sich selber, und nicht das Kind**. Ein Kind, das sich in einen Machtkampf verstrickt hat, wird noch wütender, wenn Sie es auf sein Zimmer verbannen. Wenn das oft passiert, wird es sich ungerecht behandelt, gedemütigt und verletzt fühlen, und sich schließlich in der Notlösung Rache wieder finden. Sein Zugehörigkeitsgefühl wird im Nerv getroffen.

Wir sind in einem Machtkampf, wenn wir uns provoziert fühlen – wenn der Gedanke aufblitzt: „So nicht – das lasse ich mir nicht bieten!"

Die Übungsaufgabe heißt hier:
Aus dem Machtkampf aussteigen

50 Einfach unleidlich

Samuel (2) ist gerade ein bisschen unleidlich. Er wirft sich auf die Erde und schreit. Alles geht nicht recht nach seiner Laune und keiner macht, was er will. Ich sehe mir dieses Schauspiel ein paar Minuten an. Normalerweise werde ich dann schon leicht gereizt, doch dieses Mal will ich nicht. Als er merkt, er kommt so nicht weiter, schreit er nach seinem Schnuller, der über ihm auf dem Tisch liegt. Ich sage ihm, wo er ist, doch Samuel will, dass ich ihn hole. Da der Schnuller genau über ihm liegt, mache ich es nicht. Samuel steht schreiend auf und fegt den Schnuller mit der Hand hinunter. Dann soll ich ihn wieder holen. Auch dieses Mal mache ich nicht mit. Er schreit weiter, doch ich steige nicht in diesen Machtkampf ein. Ich sage ihm ganz ruhig, dass er gern im Kinderzimmer weiter schreien kann oder sich seinen Schnuller nehmen und zum Kuscheln zu mir setzen. Langsam gehe ich aus der Küche.

Es dauert noch ein Weilchen, dann kommt er zu mir ins Wohnzimmer. Wir rücken zusammen und schmusen miteinander.

Ich bin froh, dass wir die Situation ruhig und ohne weiteres Geschrei meinerseits beendet haben.

51 Kampf ums Anziehen

Henry (4) kommt ziemlich verdreckt vom Kindergarten, so dass wir direkt nach dem Mittagessen nach oben in sein Zimmer gehen, damit er sich umziehen kann, denn am Nachmittag wollen wir noch außer Haus.

Die verschmutzten Kleider zieht er freiwillig aus und bringt sie mir in die Waschküche nach nebenan. Auf meine Aufforderung, sich frische Kleider auszusuchen, reagiert er nicht, sondern setzt sich zu seinen Bausteinen auf den Boden und spielt. Also suche ich ihm Kleider aus und zeige sie ihm, worauf er los schreit, dass er diese nicht anziehen will. Ich spüre Ungeduld und Ärger in mir aufsteigen und zeige ihm noch ein anderes T-Shirt. Er weint lauter und ich ermahne ihn, sich doch bald anzuziehen, damit er sich nicht erkältet. Daraufhin wirft er mit den Klötzen um sich und ich spüre in mir den Drang los zu schreien.

Dann fällt mir auf, was hier eigentlich abgeht; ich atme tief durch und verlasse ohne ein weiteres Wort sein Zimmer und gehe nach unten. Dort beschäftige ich mich mit dem Haushalt und muss schon etwas über mein Verhalten lächeln. Nach zehn Minuten kommt Henry nackt, aber ruhig herunter und trägt die von ihm ausgesuchten Kleider im Arm. Er bittet mich freundlich und mit einem lieben Blick, ihm beim Anziehen zu helfen, was ich gerne tue bei den Dingen, die er selbst noch nicht so gut kann. Scherzend und in guter Laune gehen wir später zu unserem Termin und haben gemeinsam einen harmonischen Nachmittag.

52 Reizthema Hausaufgaben

Patrick (6) ist eingeschult worden. Wir haben seitdem einen unwahrscheinlichen Stress mit seinen Hausaufgaben daheim. Er möchte keine machen, vergisst, was er auf hat, trödelt rum...

Heute ist mal wieder so ein Tag, an dem er missgelaunt an seine Aufgaben geht. Ich lasse ihn erst mal allein. Durch die offene Wohnzimmertür kann ich beobachten, wie er quer über dem Tisch hängt, sein Kopf auf dem linken Arm liegt und er vor sich hin kritzelt. Urplötzlich bin ich angespannt. Ich gehe zu ihm und er bekommt einen seiner Jammeranfälle, dass er keine Lust hat.

Ich spüre, wie sich das Ganze zu einem Machtkampf entwickeln kann und beschließe heute auszusteigen. Ich erkläre ihm ruhig, dass ich es ihm ab heute überlassen möchte, ob er seine Hausaufgaben macht. Wenn er sie macht, lernt er Rechnen und Schreiben. Wenn nicht, lernt er es nicht. Wenn er das möchte, ist das auch in Ordnung. Alles Weitere soll er bitte mit seiner Lehrerin klären.

Nach diesen Worten verlasse ich das Zimmer und gehe meiner Hausarbeit nach. Es dauert eine ganze Weile, doch dann kommt Patrick zu mir und zeigt mir seine Hefte. Er bittet mich, ihm bei einer Sache zu helfen, die er nicht gut verstanden hat. Es ist alles in Ordnung, kein Schmieren, keine Löcher, keine geknickten Seiten.

Seit diesem Tag hat es bis jetzt gut mit seinen Hausaufgaben geklappt. Er kommt von der Schule, isst etwas, geht auf sein Zimmer und macht sie dort ganz allein. Danach findet er es schön, wenn er sie mir noch zeigen kann und wir uns darüber unterhalten.

53 Arnim haut andere Kinder

Wir sind mit mehreren Kindern auf dem Spielplatz. Arnim (6) hat einen Stock in der Hand und läuft den anderen hinterher, um sie mit dem Stock zu schlagen. Ich sage ihm, dass er den Stock weglegen muss, wenn er damit schlägt. Er sagt: „Ich schlage doch gar nicht." Er läuft weiter, und als er mich nicht mehr sieht, schlägt er wieder. Ich gehe zu ihm hin und bitte ihn, den Stock wegzulegen, weil er andere Kinder damit schlägt. Er leugnet es wieder. Ich antworte: „Doch Arnim, ich habe es gesehen, leg den Stock bitte weg oder gib ihn mir." Er stellt sich grinsend vor mich und meint: „Du kriegst den Stock nicht." Ich antworte: „Dann leg ihn bitte weg." Er grinst mich weiter provozierend an und wartet, was ich tue.

Ich weiß, wenn ich jetzt darauf einsteige, dann spitzt sich die Situation zu und ich muss ihm den Stock mit Gewalt aus der Hand nehmen. Das möchte ich vermeiden.

Ich sage: „Arnim, ich möchte mich jetzt nicht mit dir streiten", lasse ihn stehen und gehe weg.

Arnim steht da und schaut mir hinterher. Er läuft noch ein kurzes Stück mit dem Stock über die Wiese, in Richtung zu den anderen Kindern. Dann schaut er, ob ich ihn sehe. Ich schaue bewusst in eine andere Richtung. Da lässt er den Stock fallen und geht zum Sandkasten.

54 Du sollst mir die Schuhe binden!

Marvin (7) versucht morgens öfter, mich in einen Machtkampf zu verwickeln. Er ist langsam und kämpft immer mit der Zeit. Aber er weiß, dass er um sieben Uhr vom Esstisch aufstehen und sich anziehen muss, will er seinen Bus noch bekommen. Heute ist es bereits zwei Minuten vor sieben und ich sehe, dass er gerade darin vertieft ist, seine Haferflocken zu einem Berg aufzutürmen. Ich sage freundlich zu ihm: „Marvin, schau mal auf die Uhr, es ist gleich soweit." Mehr sage ich nicht, denn er hat schon einmal seinen Bus verpasst, musste in der Schule anrufen und sagen, dass er erst später kommen könne, wenn seine Mutter ihn auf dem Weg zur Arbeit an der Schule absetzt. Das fand er damals unangenehm. Also, er steht wieder einmal zu spät vom Tisch auf und zieht sich an, seine Schuhe bindet er nicht, sondern schreit nach mir, dass ich sie binden müsse, weil er keine Zeit mehr habe. Ich sage ihm freundlich, dass die Zeit gerade noch reicht, dass er aber auch gern mit offenen Schuhen gehen und sie dann im Bus binden könne. Jetzt wird er wütend, verlangt, dass ich seine Schuhe binde. Ich drehe mich um, gehe ins Esszimmer zurück und schließe die Tür hinter mir. Während ich die Brote für die anderen richte, höre ich die Haustür einrasten, weil er gegangen ist. Dies wiederholt sich an fünf Tagen in ähnlicher Form, dann ist Wochenende. Am Montag bindet er seine Schuhe allein und rechtzeitig und ist dabei auch noch gut gelaunt – kein Anzeichen mehr von Kampf!

55 Schlechte Laune nach der Schule

Meine Tochter Alina (9) kommt schlecht gelaunt aus der Schule. Schon an der Tür fängt sie an zu nörgeln, lässt ihre Tasche und ihre Jacke im Flur liegen. Ich beschließe, sie in Ruhe zu lassen, bis das ‚Stürmchen' sich gelegt hat. Ich sage ihr freundlich, dass ich mich ums Essen kümmern muss und gehe in die Küche. Sie kommt hinterher, und als sie in die Töpfe geguckt hat, geht das Geschimpfe weiter. So ein schreckliches Essen will sie nicht essen. Sie beschimpft das Essen, beschimpft mich, ist und bleibt ärgerlich. Und sie wird noch ärgerlicher, weil ich nicht darauf eingehe!

Nein, heute nicht. Ich schreie nicht zurück. Alina hat ein Problem. Ich lasse es nicht zu meinem werden.

Ich schiebe sie energisch, aber innerlich gefasst und ohne Geschrei in den Flur und sage ihr deutlich, dass ich in Ruhe fertig kochen und zu Mittag essen möchte. Und dass sie wieder kommen kann, wenn sie sich beruhigt hat.

Wutschnaubend verschwindet sie in ihrem Zimmer.

Ich gehe zurück in die Küche. Ich spüre, wie viel Kraft es mich gekostet hat, ruhig zu bleiben, wie ich mich angegriffen und verletzt fühle und wie traurig ich bin, dass gerade dieses Kind immer wieder so mit mir kämpfen will.

Inzwischen sind Friedrich (13) und Maximilian (11) nach Hause gekommen, und wir sitzen zum Essen am Tisch. Alina kommt dazu, setzt sich schweigend auf ihren Platz. Als ich sie anschaue, sagt sie, dass sie doch etwas probieren möchte. Ich reiche ihr eine Schüssel. Es ist wieder Frieden. Ich kann es kaum glauben.

Wir sprechen nicht mehr über die Geschichte. Sie hat gemerkt, dass ich in den Machtkampf nicht eingestiegen bin. Für den Rest des Tages ist sie sehr ausgeglichen und fröhlich.

56 PC ohne Ende

Seit zwei Wochen sind Ferien. Unser Sohn Nils (16), der in der letzten Zeit nur selten Kontakte pflegt, sitzt von mittags bis in die Nacht am PC oder TV. Das geht nun schon zwei Wochen so, und sowohl ich als auch mein Mann versuchen ihm klarzumachen, dass das nicht gut ist. Er meint, er könne nichts anderes tun, allein mag er nichts unternehmen und seine Freunde seien im Urlaub. Trotzdem glaube ich, ihm da weiterhelfen und ihn aus der Isolierung locken zu müssen.

Samstag elf Uhr: Ich klopfe an seine verschlossene Tür, bitte ihn aufzustehen und frage, ob er mit uns und den Großeltern wegfahren möchte. Er möchte nicht, er will seine Ruhe, ich gebe auf.

Sonntag halb zwölf Uhr: Ich klopfe wieder an seine Tür und frage, ob er Lust hat zu radeln. Wir wollen zu einer Brauerei, dort gibt es Life-Musik und es ist sehr gemütlich. Er will nicht. Mein Mann versucht es auch noch mal – er bleibt bei seiner Entscheidung. Alle drei verspüren wir eine unangenehme Spannung. Mein Mann und ich fühlen uns nicht mehr wohl in der Situation. Wir beschließen aber loszulassen. Wir hatten es gut gemeint, nun aber fühlt der Junge Druck und zieht sich noch mehr zurück – das wollten wir nicht!

Am Nachmittag kommt Nils in die Küche, um sich Frühstück zu holen. Er vermutet mich vielleicht ärgerlich, ich bin es aber nicht. Ich gebe ihm zu verstehen, dass wir es nur gut gemeint haben, seine Entscheidung aber respektieren und nicht sauer sind.

Ich glaube, ihm ist nun wohler, auch weil er den Druck nicht mehr spürt.

Zum ersten Mal seit langer Zeit nimmt er sich ein Buch aus dem Schrank, bleibt bei mir im Wohnzimmer sitzen und liest.

Überraschen Sie Ihr Kind

Unser Verhalten ist manchmal wirklich vorhersehbar. Wir schicken die Kinder ins Bett, sie trödeln und maulen, wir schimpfen und drohen.

Wir wecken die Kinder, sie bleiben liegen, wir reagieren angespannt, denn die Uhr tickt, wir wecken sie nochmals, schimpfen, treiben an, jeden Tag dasselbe.

Wir rufen das Kind zum Essen, das Kind kommt erst, wenn wir schreien.

Diese automatischen Reaktionen gilt es zu durchbrechen. **Etwas zu tun, was die Kinder nicht erwarten, gibt ihnen die Möglichkeiten, auch ihr Verhalten zu ändern**. Wenn wir das mit Humor und Freundlichkeit tun, haben wir viel erreicht.

Die Übungsaufgabe heißt hier:
Unerwartetes Tun

57 Das sagt man nicht!

Ich habe Kinderdienst. Anita (7), Emma (4) und Thomas (8) schlafen ein paar Nächte bei uns. Tagsüber brauchen sie Beschäftigung.

Wir sind auf dem Spielplatz. Emma und Thomas sitzen auf der Schaukel und amüsieren sich prächtig. Anita fährt mit der Seilbahn. Noch sind wir allein auf dem Platz, aber von Ferne nähern sich zwei Mütter mit Kindern. Emma sieht sie und fängt an „Ficker, Ficker, Ficker" in die Richtung der Mütter zu brüllen.

Ich höre mir das an und lasse sie gewähren. Sie brüllt kräftig weiter, schaukelt, guckt mich an, brüllt weiter, und ich stehe nur dort und grinse innerlich. Nun wird Thomas ganz unruhig und versucht Emma zu stoppen. „Emma, hör auf, das sagt man nicht!" Nichts passiert. Sie steigert ihre Stimme und brüllt weiter „F...". Thomas ist schon ganz verlegen. Jetzt schreit er seine Schwester an: „Emma, lass das, das sagt man nicht!"

Emma denkt gar nicht daran aufzuhören. Sie brüllt weiter – immer mit einem Seitenblick auf mich. „Na", denke ich, „wie lange wird sie das wohl durchhalten?" Inzwischen sind die Mütter mit den Kindern auf dem Platz. Plötzlich ist Emma still, schaukelt weiter als wäre nichts gewesen, und das war's.

Offensichtlich wollte sie mich provozieren. Die neuen Worte aus dem Kindergarten sind ja so aufregend. Sie weiß genau, dass das Wort ein Reizwort ist. Aber da ich, für sie unerwartet, gar nicht reagiert habe, verlief ihre Aktion im Sand.

58 Mama macht mit

Christoph (6) wird seit einigen Wochen jeden Morgen zwischen halb sechs und sechs wach. Er kommt dann zu mir ins Bett, schläft aber nicht mehr, im Gegenteil, er hampelt herum und redet ohne Ende. Ich schlafe gerne etwas länger. Muffelig und gereizt brumme ich ihn an oder sage ihm, er solle mich jetzt bitte noch schlafen lassen. Das funktioniert natürlich nicht.

Manchmal steht er auch auf und beschäftigt sich eine Weile, aber oft kommt er alle zehn Minuten und fragt mich etwas oder will mir noch etwas erzählen. Ich habe dann überhaupt kein Verständnis.

Da wir ja auch lernen sollen, den Blick auf das, was noch positiv an der Situation ist, zu richten, habe ich bei mir angefangen, nicht mehr muffelig zu sein, ich versuche trotzdem noch freundlich zu bleiben, und sage ihm, dass ich es toll finde, dass er allein aufstehen kann und sich allein beschäftigt. Das hat aber nur bedingt Wirkung. Ich möchte, dass es noch besser wird, so versuche ich, das Unerwartete zu tun.

Es ist mal wieder zehn vor sechs. Ich werde wach, weil ich schon die lauten Schritte von Christoph auf dem Flur höre. Ich sage mir in Gedanken, ich bin froh, dass ich ein Kind wie Christoph habe. Ich fühle, wie sich meine Spannung löst. Als die Tür auf geht, halte ich schon die Decke hoch, als Zeichen, dass ich ihn erwarte. Er schaut mich erst etwas verdutzt an, doch dann strahlt er, als er sieht, dass ich ihn anlächele, er kuschelt sich an mich. Wir halten uns beide ganz fest in den Armen. Ich sage ihm: „Christoph, ich freue mich, dass du da bist, es ist immer wieder schön, mit dir zu kuscheln." Er drückt mich ganz fest, dann sagt er: „Weißt du was, Mama, ich stehe jetzt auf und spiele noch etwas, dann kannst du noch lange schlafen." Ich sage ihm: „Das finde ich prima von dir und wenn du möchtest, kannst du mich um sieben Uhr wecken." Ich fühle, wie er sich freut, dass ich anders als sonst reagiert habe. Er lächelt mich an und sagt: „Au ja, das mache ich", und geht. Ich kann an diesem Morgen doch tatsächlich weiterschlafen. Punkt sieben kommt er und weckt mich, ganz stolz, dass er mich so lange schlafen gelassen hat. Ich fühle mich ausgeschlafen; es geht mir richtig gut. Ich hole ihn ins Bett und bedanke mich mit einem dicken Kuss, danach wird noch heftig gekitzelt und wir haben sehr viel Spaß an diesem Morgen.

Das Ergebnis hat nicht dazu geführt, dass er jetzt öfter oder noch lieber in mein Bett möchte. Es ist eher so, dass er viel selbstständiger geworden ist. Er macht sich sogar jetzt schon mal das Frühstück allein, während ich noch schlafe.

59 Vokabeln lernen

Es ist Sonntag, Alexander (13) schreibt am Montag eine Französischarbeit und wir sind verabredet zum Vokabeln abhören und ein bisschen grammatische Formen üben. Er hat herzlich wenig Lust, was ich gut verstehen kann. Ich habe ihn schon ein bisschen gedrängt zum Miteinander. Mir macht das immer Freude, weil ich dann etwas Sprachen wiederholen kann, egal ob Englisch oder Französisch. Alexanders Aussprache ist auch im zweiten Jahr mit dieser Sprache immer noch ein bisschen abenteuerlich, so verbessere ich tatsächlich immer mal wieder ein Wort, mit ruhiger, freundlicher Stimme und ohne jeden Vorwurf. Er erzählt, dass die Lehrerin kaum etwas verbessert, weil sie sonst überhaupt nicht weiterkäme. Im Übrigen sagt er wieder mal: „Das spielt doch keine Rolle, ich muss es doch nur schreiben."

Da es heute viel um Konjugationsformen geht und es im Französischen auf die Endungen ankommt, die man eigentlich nicht spricht, wird seine Aussprache immer grotesker: Er will ja wissen, ob seine Formen stimmen, also spricht er sie komplett aus, eingedeutscht sozusagen.

Irgendwann höre ich auf, seine Aussprache in irgendeinem Wort zu verbessern, mache stattdessen das Gleiche wie er: Ich spreche auch alles bis zum Ende oder mahne es von ihm an, wenn er es nicht tut. Alexander muss lachen. Die Sache, die ja eigentlich keinen Spaß macht, gewinnt an Heiterkeit durch mein unerwartetes Einschwenken auf diesen Aussprachegag. Es klingt hanebüchen, aber fürs unmittelbare Lernen ist es wirklich gar nicht schlecht. Man hört, wie man's schreibt.

Unser Miteinander ist entspannt. Wir werden richtig albern.

Das ungeliebte Lernen, obendrein noch am Wochenende, wird ein bisschen heiterer für Alexander. Der verbissene Ernst ist gemildert, vielleicht auch die Verzweiflung des ‚das lerne ich nie', was ich ihm so gut nachfühlen kann bei manchen Vokabeln und Formen. Seine Gewissenhaftigkeit bekommt einen Hauch von ‚laissez-faire'.

60 Das Essen zieht um

Mittagessen: Meine Kinder sind gerade aus der Schule gekommen, und nun sitzen wir gemeinsam in der Küche am Tisch. Es dauert nicht lange, bis zwischen Ralf (12) und Elly (10) ein Gezanke entsteht. Ich ermahne sie gleich damit aufzuhören, da ich will, dass wir in Ruhe und friedlich miteinander essen können. Sie scheinen mich beide nicht zu hören und liefern sich ein lautes Wortgefecht.

Ich merke, wie Ärger in mir aufsteigt und besinne mich auf meine Aufgabe: Das Unerwartete tun. Leider habe ich gemerkt, dass ich da zumeist ziemlich fantasielos bin. Aber jetzt habe ich eine Idee: Ich stehe auf, nehme meinen Teller und trage ihn nebenan ins Esszimmer, dann nehme ich auch die noch vollen Schüsseln und trage sie ebenfalls wortlos hinüber. Schlagartig ist es still geworden in der Küche und Elly fragt: „Was ist denn mit dir los?" „Ich will in Ruhe essen", antworte ich so gelassen, wie es gerade geht, „und wer mit mir friedlich essen will, kann ins Esszimmer kommen!" Max (13), der unbeteiligt war, verdreht die Augen, nimmt dann seinen Teller und folgt mir.

Ralf und Elly wissen nicht so recht, was sie davon halten sollen, kommen dann aber doch beide nach. Elly findet die Situation lustig, so dass ich mich bemühen muss, fest zu bleiben. Schließlich können wir aber doch ohne weiteren Zwischenfall essen.

Ich finde es gut, dass ich es geschafft habe, mich aus dem Streit zwischen beiden herauszuhalten und wir so die Situation doch ziemlich gelassen meistern können.

Der Streit jedenfalls war mit einem Mal nicht mehr wichtig.

61 Aus Krach wird Tanz

Meine Tochter Ulla (6) hat Besuch von ihren Freunden aus der Vorschule. Sie gehört zu einer Gruppe von sechs Kindern, die sich regelmäßig zum Spielen treffen. Seit einigen Tagen hat sie Spaß daran, eine CD ziemlich laut abzuspielen und dabei wild herumzuwirbeln. Es ist laute Techno-Musik, die ihre großen Geschwister hören, und die ich gar nicht mag. Wir haben in der Familie oft Unstimmigkeiten wegen der Lautstärke.

Wieder höre ich lauten Techno-‚Krach' aus dem Kinderzimmer. Ich öffne die Tür und bemühe mich, freundlich zu schauen. Die Kinder hopsen und tanzen, die Musik ist ohrenbetäubend.

Mir kommt eine Idee. Ich gehe ins Zimmer, beginne meine Schritte der Musik anzupassen, und versuche meinen Körper zu diesen harten Takten zu bewegen. Ich erinnere mich, wie ich im TV junge Leute zu dieser Musik habe tanzen sehen und versuche es nachzutanzen.

Ulla und ihre Freunde stutzen, fangen an zu kichern. Es beginnt mir Spaß zu machen, ich sehe es nun als Gymnastik und werde in meinen Bewegungen immer freier.

Ulla tanzt nicht mehr, schaut mir zu – nach kurzer Zeit höre ich auf, drehe den Lautstärkeregler herunter und meine zu den Kindern: „Eigentlich gar nicht schlecht, eure Musik! Könnt ihr sie nur etwas leiser spielen, damit ich telefonieren kann?"

Die Kinder lassen die Lautstärke erträglich. Ich denke, Ulla konnte Vernunft walten lassen, weil ich nicht geschimpft habe.

Respekt fürs Kind und Selbstrespekt

Eltern reden viel zu viel. Wenn Mütter lernen,
den Mund zu halten, können sie alles lernen.
(Dreikurs)

„Kinder, reinkommen, Essen ist fertig!" Die Kinder spielen weiter. Mutter ruft nochmals. Keine Reaktion. Ein älterer Herr mischt sich ein: „Kinder, Eure Mutter ruft!" „Sie hat noch nicht geschrieen", meint Marie, und die beiden spielen seelenruhig weiter.

Gewohnt, immer wieder zu ermahnen, zu drängeln, anzutreiben, wiederholen die Eltern ihre Bitten und Forderungen – und werden ignoriert. Die Kinder reagieren erst, wenn sie spüren ‚jetzt geht es nicht mehr anders – jetzt wird es ernst'. Um ihr Gesicht zu wahren, tun sie es mit viel Maulen und Jammern.

Mit Schimpfen, Schreien, Nörgeln, Meckern, Anblaffen, gereizten Antworten verletzen wir die Kinder. Die Achtung, die wir unseren Kindern schuldig sind, gebietet, dass wir höflich mit ihnen umgehen, nämlich so, wie wir es mit unseren besten Freunden tun. **Hier geht es um Respekt für das Kind**.

Mit Schreien, Nörgeln, Meckern, Anblaffen, gereizten Antworten verletzen wir auch unseren **Selbstrespekt**. Wenn wir uns selber ernst nehmen, dann sollten wir auch hinter dem stehen, was wir sagen. Dann brauchen wir es auch nur einmal zu sagen. Leere Drohungen sind ein Zeichen von mangelndem Selbstrespekt. Wie sollen Kinder uns ernst nehmen, wenn sie genau wissen, dass sie erst zu reagieren brauchen, wenn wir schreien?

Vieles Reden der Mütter dient der eigenen Beschwichtigung. Sie geben sich damit das Gefühl, dass sie etwas tun, damit „die Sache läuft". Aber Reden ist eben nicht Handeln!

Meist ist das ein eingefahrenes Spiel zwischen Eltern und Kindern. Das zu ändern, erfordert Ausdauer und Konsequenz. Wir sagen eine Sache einmal, aber freundlich und fest, und handeln dann. Das können wir – in Ruhe und nicht während eines Streits – ankündigen und mit den Kindern beraten.

„Ab morgen wecke ich dich nur einmal."

„Ich koche nicht, wenn das Geschirr nicht abgewaschen ist."

„Ich fahre erst weiter, wenn ihr mit streiten aufgehört habt."

„Wenn du vom Tisch aufstehst, räume ich deinen Teller weg."

„Ich wasche nur die Wäsche, die im Wäschekorb ist."

Aber danach gibt es kein Reden mehr.

Wir wecken das Kind nur einmal. Wenn es verschläft, muss es die Folgen tragen.

Wir schreiben auch keine Entschuldigung und fahren es nicht zur Schule.

Wir kochen tatsächlich nicht, an diesem Tag gibt es Butterbrot zum Mittagessen.

Wir fahren an den Straßenrand und warten schweigend, bis die Kinder ruhig sind.

Wir räumen den Teller schweigend weg und halten das Protestgeschrei aus.

Wir hören auf, die schmutzige Wäsche im Kinder- oder Jugendzimmer zusammen zu suchen, und erlauben den Kindern die Erfahrung, dass sie keine saubere Wäsche haben.

Viele schlechte Gewohnheiten schleifen sich ein, weil die Eltern nicht die Nerven haben, das Protestgeschrei auszuhalten oder auf die plötzlichen Versprechen nicht einzugehen. Wenn wir fest bleiben, brauchen wir das aber nur kurze Zeit zu tun (Automateneffekt), dann haben die Kinder gelernt, dass es uns ernst ist, und wir haben eine Grundlage geschaffen für ein neues, friedliches

Miteinander. All die Energie, die früher ins Kämpfen ging, haben wir nun für Gespräche, Spiele, gemeinsames Tun.

Die Übungsaufgabe heißt hier:
Freundlich und fest die Richtung vorgeben

62 Vokabeln in den Ferien

Ich habe mit Axel (10) eine Uhrzeit am Vormittag vereinbart, zu der wir Englischvokabeln lernen wollen. Nun ist der Zeitpunkt zum Lernen gekommen und die Laune des Jungen schlägt augenblicklich um. Nur widerwillig beginnt er sein Arbeitsmaterial zusammen zu sammeln. Es fehlt der richtige Stift, es ist zu dunkel im Raum, die Musik des großen Bruders ist zu laut und überhaupt.

„Axel, erinnerst du dich, wie viel Spaß wir vor 14 Tagen beim Lernen hatten und wie stolz du warst, in welch kurzer Zeit wir über 30 Vokabelkarten bearbeitet hatten?" Es hilft nicht wirklich und nach zwei Misserfolgen ist das Ende von Axels Geduld erreicht. So kann niemand lernen.

„Komm mal her. Magst du dich auf meinen Schoß setzen?" „Ja, aber keine Vokabeln lernen, das ist doof und Englisch will ich sowieso nicht lernen!"

Ich nehme ihn einen Moment in den Arm. „Axel, dein Wunsch ist es, möglichst bald auf die öffentliche Regelschule zu gehen". Ich warte die Antwort ab. „Ja". „Dafür ist es nötig, Vokabeln zu lernen, um einen leichteren Einstieg zu haben. Ich möchte nun wissen: Wollen wir lernen oder streiten?"

Keine Antwort, nur betretenes Schweigen. „Manchmal hat man einen Kloß im Hals und kann nicht richtig sprechen, das Gefühl kenne ich aus meiner Kinderzeit. Du kannst aber mit dem Kopf eine Entscheidung mitteilen. Wollen wir lernen?"

Ein Nicken. „Ja, dann lass uns anfangen."

Zu Beginn noch etwas holperig und dann mit Feuereifer. Im Nu haben wir die für heute besprochenen Vokabeln mit Spaß und Lachen gelernt.

Ich bin ruhig geblieben, hatte mein Ziel fest vor Augen, mich von Axels so häufig erprobter Strategie – nerven und dadurch unangenehmen Situationen aus dem Weg gehen – nicht beeinflussen zu lassen. Axel hat eine Entscheidung getroffen und wir haben nicht irgendwie, sondern mit Freude unser Ziel erreicht.

Am folgenden Tag haben wir in kürzester Zeit, ohne Umwege, 20 neue Vokabeln gelernt. Axel strahlt.

63 Kluge Kinderstrategie

In unserer Familie gibt es eine Regel, dass die Kinder nur am Freitag oder Samstag bei Freunden übernachten dürfen, oder Freunde bei uns. Wenn am nächsten Morgen Schule ist, ist es nicht erlaubt.

Bettina (10) und ihre Freundin sind in der Küche und trinken Saft. Die Tür ist ein Spalt offen, und ich höre folgendes Gespräch mit an.

Julchen: „Darfst du nun (bei mir übernachten)?"

Bettina: „Noch nicht. Ich muss noch ein bisschen quengeln, so eine Woche, dann darf ich!"

Mir geht ein Licht auf. Ich bin oft in Versuchung nachzugeben, wenn es sich um ‚Seligkeitsdinge' handelt, das heißt, wenn etwas meinen Kindern so ungeheuer wichtig ist, dass ich mir wirklich schlecht vorkomme, es ihnen zu versagen. Mir wird klar, dass Bettina mich durchschaut hat, und ihre Erkenntnis bewusst einsetzt. So fällt es mir viel leichter, bei unserer Abmachung zu bleiben: Ausgeruht in die Schule zu gehen ist wichtiger, als bei der Freundin zu schlafen. Wenn die Pyjamaparty so ein Herzenswunsch ist, kann sie auch an einem Freitagabend stattfinden.

64 Nie tust du was für mich!

Elena (11) soll heute bei der Oma übernachten. Wir haben ausgemacht, dass sie nach dem Spielen bei einer Freundin nach Hause kommt, um die Sachen zu packen, die sie am nächsten Tag für die Schule braucht.

Das Telefon klingelt, Elena meldet sich von der Oma aus. Sie bittet mich, ihr ihre Sachen für die Übernachtung und auch die Schulsachen für den nächsten Tag zu bringen. Ich frage nach und erfahre, dass die Schultasche noch nicht gepackt ist.

„Also musst du wie vereinbart nach Hause kommen und deine Sachen packen."

Elena nörgelt und meint, dass ich das doch mal für sie tun könnte. Schließlich ist sie jetzt zu müde, um den weiten Weg (es ist nur etwa ein Kilometer) mit dem Fahrrad zu fahren. Und dann noch bergauf! Ich erwidere, dass ich mich mit ihren Schulsachen nicht auskenne und sie das schon selbst machen müsse. Und außerdem sei doch vereinbart gewesen, dass sie nach Hause komme.

Ich ernte Protest. Elena hält mir vor, dass ich das doch EINMAL für sie tun könne. Sie sieht nicht ein, dass sie bei DIESER Hitze mit dem Fahrrad fahren soll. NIEMALS tue ich was für sie.

Und ich bin versucht zu argumentieren, ihr contra zu geben, merke aber gleich, dass das nicht weiterführt. Elena will mich ‚weich klopfen'. Ich bin schon ganz nervös. Wir sind im Machtkampf.

Also sage ich – freundlich aber bestimmt: „Du kannst dich ja erst bei Oma etwas ausruhen und mal was trinken und dann kommst du deine Sachen holen. Ich bringe dich dann mit dem Auto wieder hin." Bevor sie kontern kann lege ich auf. Zuerst muss ich mal tief durchatmen, zweifele noch an der Richtigkeit meines Verhaltens, sage mir dann aber, dass es gut war, das Gespräch auf diese Weise zu beenden, weil wir uns nicht einig geworden wären.

Und außerdem sollen wir doch nichts für unsere Kinder tun, was sie selber können! So beruhige ich mich und gehe weiter meiner Arbeit nach.

Als Elena nach etwa einer halben Stunde kommt, bin ich erstaunt, dass das Gespräch am Telefon mit keinem Wort mehr Erwähnung findet. Sie marschiert in ihr Zimmer, fragt noch nach, wie das Wetter morgen wird, damit sie weiß, ob sie eine kurze oder lange Hose einpacken muss und es ist, als wäre nichts gewesen.

Das bestätigt mir, dass ich richtig gehandelt habe, Elena die Grenze gesucht und gebraucht hat. Und sie akzeptiert, weil ich klar und fest war.

65 Spontanes Fensterputzen

Es ist Wochenende, ich sitze mit meinem Mann nachmittags am Kaffeetisch. Plötzlich erschreckt uns ein lautes Geräusch. Es dauert einen Moment, bis ich erkenne, dass es von der Terrassentür gleich neben mir kommt, Tosen und Trommeln. Ich springe auf, sehe Wasser und verstehe immer noch nicht, was da vor sich geht.

Da sehe ich unseren Sohn Pascal (12) unten mit dem Wasserschlauch stehen, den harten Strahl auf die Scheiben gerichtet. Er macht sich einen Spaß daraus, so sein Heimkommen anzukündigen, er grinst bis über beide Ohren. „Bist du närrisch?" lege ich los, mir sitzt wirklich der Schreck in den Gliedern. Mein Mann rettet die Situation. „Ist das eine neue Methode das Heimkommen anzukündigen?"

So habe ich Zeit, mich kurz zu sortieren: freundlich und fest die Richtung bestimmen!

Also sage ich, inzwischen auch grinsend: „Da hast du uns aber einen schönen Schrecken eingejagt. Ich dachte, hier stürzt was zusammen!"

Und als er die Treppe raufkommt, wuschele ich ihm durch die Haare und sage: „Ach, du wolltest bestimmt die Scheiben mal sauber machen!"

„Nee", kommt es immer noch grinsend zurück. Ich schaue ihn an und sage immer noch freundlich und fest: „Doch, mein Lieber, das ist jetzt angebracht, sonst sehen die Scheiben nachher unmöglich aus. Du weißt, wo die Tücher liegen, das hast du doch ganz schnell gemacht."

Ich bin wirklich gelassen, es klingt kein Vorwurf mit. Schließlich ist ja auch nichts Schlimmes passiert.

Pascal mosert ein bisschen, ist aber immer noch guter Dinge, während er die Scheiben trocken reibt. Ich unterstütze ihn, indem ich den Rahmen trockne, von dem es noch tropft, weil er nicht dran kommt und sage: „Prima, Scheiben blitzblank. Hast du gut gemacht."

„Klar, kein Problem", kommt es zurück. Er setzt sich zu uns an den Tisch und erzählt, was er am Nachmittag erlebt hat.

66 Netzwerkparty

Unser Sohn Denis (15) hat zum dritten Mal an einer so genannten Netzwerkparty teilgenommen. Diese Partys fanden abends (mit Übernachtung) im privaten Bereich statt. Wir kennen die Freunde von Denis und inzwischen auch die Eltern und erlaubten ihm die Teilnahme.

Nun hatte er aber die Idee, an einer ‚offiziellen Netzwerkparty' teilzunehmen, die ein ‚fremder Clan' über drei Tage in einer Gaststätte ausrichtet. Und zwar in einem Ort, 30 km entfernt. Denis erzählt uns, dass einige der Freude dort mitmachen, kann mir aber keine Angaben über die Veranstalter machen und auch nicht über die Organisation.

Da ich sowieso Vorbehalte habe gegen zu intensives Computerspielen, bin ich geneigt, auf dieser Schiene gegen die Teilnahme zu argumentieren. Eigentlich ist mir die Sache aber suspekt, weil ich die Veranstalter nicht kenne, und ich weiß sicher, wir werden ihn nicht irgendwo in einem Gasthaus abladen bei unbekannten Leuten, wo er dann mit irgendwelchen Computerspielen unkontrolliert umgehen kann. Also sage ich ihm freundlich und fest: „Ich kann das jetzt nicht entscheiden, Ich brauche Informationen über die Veranstalter. Ich will wissen, was das für Leute sind, ehe ich meine Zustimmung gebe."

Ich bespreche das auch mit meinem Mann, der die Sache ebenso sieht. Denis findet das ganz schön doof, macht aber die Internetseite des ‚Clans' ausfindig. Unter anderem ist hier zu erfahren, dass die Teilnehmer 16 Jahre alt sein sollen.

Also ist die Sache für uns klar. Ich erzähle ihm vom Jugendschutzgesetz, nach dem es Jugendlichen unter 16 Jahren nicht gestattet ist, nach zehn Uhr abends in einer Gaststätte zu sein.

Denis argumentiert trotzdem noch, dass doch seine Freunde

(auch noch nicht 16) auch dürfen. Ich erkläre ihm, dass ich das nicht richtig finde, und dass es den Eltern und Veranstaltern Schwierigkeiten machen kann. Ich bleibe auch ruhig, als er brummelig und beleidigt das Zimmer verlässt. Ich weiß, damit muss er jetzt einfach zurechtkommen. Ich verstehe ja, dass es blöd für ihn ist, seinen Freuden abzusagen.

Als er nach einer Weile wieder kommt, kann ich ihm das auch so sagen. Wir haben ihm aus dem Internet Auszüge aus dem Jugendschutzgesetz ausgedruckt, und er schaut sie sich sogar an. Ich merke, der Ärger ist verflogen.

Denis kann wieder kommen, weil es keine Fronten gab, weil wir nicht gekämpft haben, sondern klar und verständlich die Richtung bestimmt. Später sind mein Mann und ich uns einig: Das haben wir heute wirklich gut hingekriegt! Ohne Meckern, Nörgeln, Abwerten, ohne Familienkrach. Es geht wirklich auch anders, und es tut gut, so bewusst damit umzugehen.

Das ist ein großes Thema für mich. Die Kombination ‚freundlich und fest' fällt mir nicht leicht. Aber ich merke schon viel schneller, wenn ich wieder geneigt bin, den falschen Ton anzuschlagen, und werde weiter üben.

Das war falsch – und was nun?

Mensch sein heißt Fehler machen. Fehler sind unvermeidlich. Wir treffen eine falsche Entscheidung, wir sind ungerecht, wir schätzen die Zeit falsch ein, verquasseln uns am Telefon, vergessen etwas, verplappern uns, brechen ein Versprechen, schützen Kopfschmerzen vor, wo wir keine Lust haben, lästern über Freunde, sind rücksichtslos, sagen spontan etwas Verletzendes, drücken uns vor Pflichten – unsere Tage sind voll von trivialen und manchmal auch schwerwiegenden Fehlern. Kindern geht es auch so.

Wie gehen wir damit um? Hier haben wir eine große Chance, Kindern ein Vorbild zu sein.

Der **erste Schritt** in dieser Übung ist die **Einsicht:** „Ich habe etwas falsch gemacht". Es ist gut, wenn wir hier **uns selber ge-**

genüber ehrlich sind, und die Dinge richtig benennen. „Mir ist die Hand ausgerutscht" klingt zwar besser als „ich habe mein Kind geschlagen", verharmlost die Sache jedoch. Schwindeln klingt harmloser als Lügen, Lästern netter als üble Nachrede oder Mobben. Hier geht es darum, dass wir uns unseren Anteil am Konflikt klar machen.

Der **zweite Schritt** besteht darin, dass wir uns **entschuldigen**, also den Fehler dem anderen gegenüber eingestehen und unser Bedauern darüber ausdrücken. Das fällt vielen Menschen sehr schwer, wahrscheinlich weil sie aus der eigenen Kindheit das „sich entschuldigen müssen" mit Demütigung und Gesichtsverlust verbinden. Das ist kein gutes Gefühl, weder für uns noch für unsere Kinder. Es reicht, wenn wir sagen: „Es tut mir Leid". Wir brauchen uns nicht zu erniedrigen, und nicht um Verzeihung zu flehen, denn das verletzt die Gleichwertigkeit. Eltern und Kinder machen beide Fehler, es ist wichtig das einzugestehen.

Beim dritten Schritt schauen wir nach vorne. Weitere Erklärungen, Rechtfertigungen, Schuldzuweisungen oder Diskussionen, wer angefangen oder dazu beigetragen hat, führen nur zum nächsten Streit. Das alte Sprichwort „Es braucht zwei, um sich zu streiten" hat seine Berechtigung. An einem Konflikt ist selten ein Mensch allein schuld. Deshalb beraten wir darüber, was wir in Zukunft anders machen. Diese Familienberatung, egal ob sie im Familienrat stattfindet oder im Zweiergespräch, soll sachlich und ohne Vorwürfe erfolgen. Also nicht: „Immer machst du…", „du hast schon wieder….", sondern „Es passiert uns oft, dass wir uns über … streiten. Was schlägst du vor?" Auch versteckte Vorwürfe führen zu Widerstand und zum nächsten Streit.

Wichtig: Oft brauchen wir eine Abkühlungsphase zwischen Schritt zwei und drei.

Die drei Schritte zur Wiedergutmachung	
1. Schritt	„Hoppla, ich habe etwas falsch gemacht."
2. Schritt	„Es tut mir Leid."
3. Schritt	„Was machen wir jetzt?"

Die Übungsaufgabe heißt hier:
Drei Schritte zur Wiedergutmachung tun

67 Weg geworfen

Ole (6) bastelt gern, aber nicht mit gewöhnlichem Bastelmaterial, sondern mit allen Materialien, auf die sein Auge fällt.

Unsere Kinder essen gerne Physalisfrüchte, die gibt es nur in runden Plastikkörben. Ole will diesen Korb unbedingt zum Basteln haben. Er macht einen Vogelkäfig daraus und stellt ihn in die Küche.

Mittlerweile habe ich vergessen, dass Ole damit etwas vorhatte. Ich sehe ‚nur' Abfall und werfe alles in den Müll, den ich nach unten bringe. Ole kommt in die Küche, um mir sein ‚Kunstwerk' zu zeigen. Er fragt: „Wo ist denn mein Vogelkäfig?" Ich frage zurück: „Was denn für ein Vogelkäfig?" „Den ich auf den Tisch hier gestellt habe", antwortet er. Mir wird ganz heiß und kalt. „Oh Ole, ich habe es für Müll gehalten und weggeworfen." Er ist traurig und weint. „Ich habe mir soviel Mühe gegeben", sagt er. Ich knie mich zu ihm hinunter und nehme ihn erst einmal in den Arm und halte ihn. Dann schaue ich in seine Augen und sage: „Ole, es tut mir sehr Leid, ich dachte es ist Müll. Ich habe vergessen, dass du daraus etwas basteln wolltest. Was können wir tun, dass so etwas nicht noch einmal passiert?" Ole beruhigt sich, er putzt seine Tränen ab und hebt die Schulter, damit will er sagen, dass er es nicht weiß. Ich frage ihn: „Wie wäre es, wenn du die Sachen erst einmal in dein Zimmer tust, bis du Zeit hast sie mir zu zeigen. Bist du damit einverstanden?" Er nickt und sagt: „Das ist wohl das Beste." Ich nehme ihn noch einmal in den Arm: „Wenn ich diese Woche einkaufen gehe, bringe ich noch einmal einen Korb mit, dann kannst du wieder einen neuen Käfig basteln. Einverstanden?" Er strahlt schon wieder etwas.

Mir ist es wichtig, dass Ole erlebt, wir Eltern sind auch nicht perfekt. Ich sage ihm auch oft, dass wir alle Fehler machen und dass das gut so ist, sonst könnten wir nichts lernen. Angst vor dem Fehler machen war in jenen Tage ein großes Thema bei ihm. Es geht dann meistens um sein Verhalten und dass andere mit ihm schimpfen könnten.

68 Streit im Badezimmer

Mein Neffe Mirko (8) und meine Nichte Esther (5) sollen ins Bett. Sie gehen schon mal ins Bad, lassen sich Wasser in die Wanne und sind recht fröhlich. In der Zwischenzeit räume ich das Geschirr vom Tisch in die Spülmaschine.

Die Töne, die von oben kommen, klingen inzwischen schärfer, also gehe ich rauf um präsent zu sein. Die Kinder sind bei ihrem liebsten Spiel, nämlich Zanken, angelangt. Die Bändigung ist nur kurzzeitig, denn als sie sich abtrocknen wollen, geht der Kampf ums richtige Handtuch los. Sie haben bunte Handtuchhalter, so dass jedes Kind weiß, wo sein Handtuch hängt. Beide behaupten nun, dass das Handtuch auf dem Haken nicht ihnen gehört. Esther wird furchtbar wütend, schlägt um sich, und Mirko schlägt zurück. Ich bin nun auch sauer und sage: „So, jetzt nimmt jeder das Handtuch, was er grade in der Hand hat und trocknet sich ab." Esther weint und sagt: „Das sage ich alles Mama."

Hinterher stellt sich heraus, dass Esther Recht hat. Die Kinder hatten vorher untereinander einen Deal gemacht, und die Haken getauscht. Auf den getauschten Haken hingen die richtigen Handtücher. Mirko wollte aber nichts mehr davon wissen und ließ Esther auflaufen. Meine Schwester wusste davon und klärte mich auf.

Am nächsten Tag spreche ich mit den Kindern. Esther sage ich, dass es mir leid tut, dass ich ihr nicht geglaubt habe – und zu beiden, dass ich es nicht gut finde Absprachen untereinander nicht einzuhalten. Wenn ich wieder mal beim Baden dabei bin, überlegen wir, dass wir die Handtuch-, Zahnbürsten- und sonstigen ‚Besitzstände' vorher abklären. Damit sind sie einverstanden.

69 Lass das!

Beim gemeinsamen Lesen fasse ich Frederik (6) ohne Vorankündigung vorsichtig in seine Ohrmuschel, um eine kleine Hautschuppe wegzumachen. Er sagt sofort „Eh, lass' das" zu mir und ich schrecke zurück. Ich erinnere mich, dass meine Mutter früher auch die Unart hatte, immer wieder an mir rumzuzupfen, ohne mich vorher zu fragen. Ich atme tief durch und sage ihm, dass es nicht in Ordnung war, in sein Ohr zu fassen, ohne ihn zu fragen. Ich entschuldige mich bei ihm, er schaut mich ernst an. Dann frage ich ihn, wie wir zukünftig verfahren sollen, wenn er was im Ohr hat, was da nicht hingehört? Wir vereinbaren, dass ich es ihm sage und er es dann selbst macht, oder mich um Hilfe bittet. Wir drücken uns und lesen dann das Kinderbuch weiter.

Zwei Tage später beim Zähneputzen sehe ich wieder einen Krümel in seiner Ohrmuschel. Ich mache ihn darauf aufmerksam, er fasst sich ins Ohr und fragt dann, ob es nun sauber ist. Lächelnd sage ich „ja" und freue mich über seine Verständigkeit.

Mich bei den Kindern zu entschuldigen, fällt mir leicht, weil ich das immer wieder mache. Aber zu sagen, dass das, was ich gerade gemacht habe, falsch war, fällt mir schwer; da habe ich eine echte Entwicklungschance. Was mir gut gefällt, ist das gemeinsame Suchen nach einer Lösung bzw. einem anderen Weg, mit der Situation umzugehen, denn das drückt für mich gelebte Gleichwertigkeit aus.

70 Trödeln bei den Hausaufgaben

Luis (7) leidet an einer Aufmerksamkeitsstörung. Durch sehr viel Geduld, Interesse und Ermutigung gelingt es uns meist, unseren Alltag ohne größere Schwierigkeiten zu meistern. Doch manchmal fehlt mir wider besseres Wissen die Geduld.

Als Luis heute aus der Schule kommt, schimpft er bereits, als er zur Tür hereinkommt, über die vielen Hausaufgaben. Ich habe heute Nachmittag ein enges Programm – alles gut geplant, aber ohne große Zeitlücken. Als ich ihn so lustlos sehe, schrillen bei mir alle Alarmglocken und vor meinem inneren Auge läuft schon der negative Film ab. Ich sehe ihn über seinen Aufgaben sitzen, sich auf alles Mögliche konzentrierend, nur nicht auf seine Aufgaben, die sich endlos vor ihm (und mir) ausdehnen. Zwischendurch kommen ihm vor lauter Selbstmitleid die Tränen, wechselnd mit Wut. Meine Rolle ist die der geduldigen Unterstützerin, die allerdings irgendwann ausrastet, weil sie selbst unter Zeitdruck steht und dabei vergisst, dass er das nicht mit Absicht macht, dass er einfach manchmal nicht anders kann.

Und genau so kommt es dann auch. Ich werde laut und ungerecht und sofort danach tut es mir wieder Leid. Als ich erkenne, dass ich falsch handle, schaffe ich es, das Verhalten zu stoppen, indem ich mich umdrehe, in die Küche gehe und mich darauf konzentriere, was ich für das Mittagessen heute alles an Zutaten brauche. Als sie alle bereitstehen, ist auch meine Stimmung wieder normal und ich gehe zu Luis zurück, der noch immer am Tisch sitzt, auf seinem Bleistift kaut und dabei aus dem Fenster schaut und unserem Hund interessiert beim Löchergraben zuschaut. Ich setze mich zu ihm und sage ihm, dass es mir Leid tut, dass ich eben ungeduldig und unfreundlich war. Er nickt, sagt nichts. Ich erkläre ihm, was ich heute noch alles machen muss und dass es Abend sein wird, bis ich wieder da bin und wieder Zeit für ihn habe. Dann frage ich ihn, wann er denn seine Hausaufgaben erledigen möchte? Er rutscht neben mich, kuschelt sich an mich und sagt: „Warum hast du mir das denn nicht gleich gesagt, dann hätte ich mir mehr Mühe gegeben, dass ich schneller vorankomme. Aber so hab' ich gedacht, ich könnte es ja später noch machen." Ich nehme ihn in den Arm, drücke ihn, bis er mich wegschiebt und sagt, dass er jetzt seine Hausaufgaben machen muss. Wir haben wieder Frieden miteinander, und im weiteren Verlauf halte ich mich bewusst zurück, auch als ich sehe, wie er wieder abschweift.

71 Passiver Widerstand

Alle vierzehn Tage haben wir samstagabends Familienrat. Gegen halb neun Uhr kommen wir zusammen, diesmal ist mein Mann die einladende, treibende Kraft. Ich fühle mich müde, fühle Enttäuschung über dies und das, die Kriegsberichterstattung eben im Fernsehen hat das ihrige noch dazu getan.

Schon in der Ermutigungsrunde habe ich nichts parat für die anderen, dabei weiß ich genau, da wäre manches Schöne zu sagen ... So erzähle ich einfach, wodurch ich mich selbst stark ermutigt gefühlt habe an diesem Tag, übrigens durch meinen Mann, und dass ich mir vorstellen könnte, dass Rainer (14) und Jochen (13) vielleicht ähnlich empfinden, wenn ich mich ihnen gegenüber auch so verhalte.

Mein Mann übernimmt den Vorsitz, Jochen das Protokoll, beide sind ganz bei der Sache. Ich sitze Rainer gegenüber, der sich mit unglaublich abweisendem Gesicht auf dem Sessel räkelt. Nach einer Weile bin ich dem Sog seiner Ausstrahlung erlegen, sage, dass ich so einfach keine Lust habe und keinen Sinn im Familienrat sehe. Mein Mann und Jochen sind enttäuscht und überrumpelt. Sie führen es auf eine möglichst gute Weise zu Ende, mit den Querschießern Rainer und mir.

Auweia. Da habe ich ganz schön versagt!

Später klopfe ich bei Rainer an, sage ihm, dass ich mich für mein Verhalten und meine Attacke gegen ihn entschuldige. Ich wüsste sehr genau, dass ich da Bockmist gemacht habe. Auf meine Frage, was wir denn machen könnten, damit so etwas im Familienrat nicht wieder vorkommt, quetscht er zwischen den Zähnen heraus: „Ich habe doch schon dreimal gesagt, dass ich Samstag abends nicht will!“ Ich bin ziemlich baff, aber gleichzeitig sehr glücklich über die klare Auskunft: Tatsächlich ist dieser Termin per Mehrheitsbeschluss zustande gekommen, Rainer war dagegen. Da wochentags einfach ausgeschlossen ist, frage ich ihn, ob er sich Sonntag vormittags vorstellen kann: „Ja“. Ich sage ihm noch, dass ich mich um die Terminsache kümmern werde, und verlasse ihn mit einem Lächeln zum Abschied.

Ich bin froh über die klare Rückmeldung von unserem Sohn. Ich kann seine Verweigerung verstehen. Offensichtlich hat Rainer meine Frage nach dem „wir und anders machen“ als ehrliches Angebot aufgenommen, so hat er den Grund für seinen passiven Widerstand genannt. Sonst muffelt er häufig nur rum.

Geduld wirkt Wunder

Kinder und Uhren dürfen nicht beständig aufgezogen werden. Man muss sie auch gehen lassen.
(Jean Paul)

Kinderuhren ticken anders als die der Erwachsenen. Erwachsene stehen unter Zeit- und Sachzwängen, sie müssen viele Dinge erledigen, sie stehen oft unter Stress. Kinder leben im Augenblick und haben die Fähigkeit, das, was sie im Moment tun, mit voller Konzentration und Hingabe zu tun, ohne Blick auf die Uhr. Je jünger die Kinder, umso mehr trifft das zu.

Viele Konflikte entstehen dadurch, dass die Eltern die Kinder zur Eile antreiben und, weil es nicht schnell genug geht, immer wieder ermahnen. „Nun mach schon", „Bist du immer noch nicht fertig?", „Beeil Dich, wir müssen los." Das führt selten zum gewünschten Resultat. Kinder scheinen erst hinzuhören, wenn das übliche Donnerwetter über sie hereinbricht. Trödeln, nicht hinhören gehören zur Notlösung ‚Aufmerksamkeitssuche' oder ‚Machtkampf'. Soviel Aufmerksamkeit wie ein Kind über das Trödeln erhält, wird ihm - leider - nie geschenkt, wenn es ruhig spielt!

Die Erfahrung zeigt, dass es stressfreier geht, wenn die Eltern den Mund halten – das wirkt sich auf das Familienklima und die gute Laune aller Beteiligten aus.

Geduld ist auch auf einer anderen Ebene nötig. Entwicklung braucht Zeit, Lernen braucht Zeit. Auch Erwachsene stellen sich nicht von heute auf morgen auf neue Situationen ein oder werden im Nu mit Kummer fertig. Wenn Kinder auf einer Ebene Fortschritte machen, z. B. beim Wechsel in den Kindergarten oder die Schule, wenn sie zum ersten Mal woanders schlafen, bei einem Umzug oder bei der Geburt eines Geschwisters, machen sie oft im Elternhaus auf emotionaler Ebene ‚Rückschritte'. In kritischen Zeiten verfallen sie in alte Verhaltensweisen, die wir abgelegt glaubten. Sie brauchen dann besondere Unterstützung und Zuwendung, mehr Körperkontakt, Gespräche und Zeit, und die Zuversicht der Eltern, dass sie sich prima entwickeln werden.

Die Übungsaufgabe heißt hier:
Geduld haben

72 Alles geht schief

Geduld spielt in meinem Alltag, speziell im Umgang mit Lars (2) eine große Rolle. Denn wenn ich ungeduldig bin, und das bin ich recht oft, geht gar nichts mehr und er kommt nicht zur Ruhe oder macht nur noch Quatsch.

An diesem Tag geht für mein Empfinden so ziemlich alles schief. Der für den frühen Morgen angekündigte Wäschetrockner-Monteur erscheint nicht; während meines Telefonats mit der Firma stolpert Lars und schreit so laut, dass ich fast nichts mehr verstehe. Ich erfahre wenigstens, dass der Monteur noch im Laufe des Vormittags kommen soll. Also kann ich das Haus nicht verlassen, nicht einkaufen und Lars muss hier zu Hause spielen, obwohl er ständig „dadda" gehen will. Eine zeitlang schaffen wir so vor uns hin, dann fällt Lars aus Versehen das Handrührgerät runter, das daraufhin total kaputt ist. Es ist unterdessen halb zwölf, Lars wird müde und dann klingelt der Monteur; der geht mürrisch im Wäscheraum drei Etagen tiefer an die Arbeit.

Lars hat die Hose voll, schreit, will sich nicht wickeln lassen und kriegt Hunger. Gekocht ist schnell; also füttere ich ihn zuerst, lasse ihn noch mal kurz allein, um nach dem Monteur zu schauen, der mir recht barsch erklärt, dass eine Reparatur nur gegen Barzahlung möglich ist. Ich renne also wieder hoch, schaue nach meinem Sohn, hole den Geldbeutel und laufe gestresst wieder nach unten. Der Monteur ist zufrieden und geht, ich komme hoch, wickle in meiner Ungeduld den genervten Lars und denke bei mir, dass er so sicherlich keine Ruhe für den Mittagsschlaf findet.

Tief Luft holend gehe ich für ein paar Atemzüge auf den Balkon, nehme mir vor, jetzt den Kleinen ruhig ins Bett zu bringen, der ja für all das Chaos und meine Unruhe nichts kann. Gemeinsam sitzen wir neben dem Kinderbett, ich atme ganz ruhig, flüstere ihm ein paar liebe Sätze ins Ohr und spüre, wie er müde wird und sich an mich drückt. Fünf Minuten später liegt er fest schlafend in seinem Bett und ich empfinde Zufriedenheit darüber, meine eigene Hektik durchbrochen zu haben.

73 So werden wir nie fertig

Die Freunde meiner Tochter, eine Gruppe von fünf Kindern, sind zu Besuch. Wir backen Krapfen. Ich erkläre den Kindern, wie das geht. Sie hören mehr oder weniger aufmerksam zu.

Kilian (5) ist ganz begeistert und packt kräftig mit an. Bei der ersten Ration lässt er sich viele Dinge erklären. Ich merke manchmal, dass er mir nicht richtig zuhört, aber ich gehe nicht weiter darauf ein, übe mich in Geduld und halte mich zurück.

Die zweite Ration Krapfen bereitet er fast allein zu und ich bin ganz begeistert. Natürlich gibt es viele Dinge, die ich anders machen würde. Beim Ausstechen kann ich mich gerade noch zurückhalten zu rufen: „Setz das Glas am Rande des Teiges an!“ Ich merke wie es in mir brodelt, weil ich unter Zeitdruck stehe und mir denke, dass wir so nie fertig werden. Aber ich übe mich in Geduld, lasse ihn weitgehend selbstständig arbeiten und nehme mich stark zurück.

Kilian arbeitet mit Ausdauer bis zum Schluss mit und benötigt keine Hilfe mehr von mir beim Teig kneten und ausstechen. Ich habe dieses Kind noch nie so bei der Sache erlebt. Als er abgeholt wird, drückt er mich und gibt mir einen Kuss: „Das hat heute Spaß gemacht!“ Mir auch! Unsere Beziehung hat sich seitdem verbessert, da ich mit Freude an dieses Erlebnis zurückdenken kann. Mir ist wieder einmal klar geworden, was Kinder alles können, wenn wir nur etwas mehr Geduld aufbringen.

74 Ich gehe nicht zum Ballett!

Lea (6) besucht seit zwei Wochen eine Ballettklasse. Die Schnupperstunden hat sie hinter sich und sich entschieden, den Unterricht zu besuchen, worauf ich den Vertrag abgeschlossen habe. Ich nehme ihre Ballettsachen aus dem Schrank und bitte sie sich umzuziehen, damit wir aufbrechen können. Sie sträubt sich und erklärt, heute nicht – und vielleicht gar nicht mehr – zur Ballettstunde gehen zu wollen. Ich frage erstaunt nach dem Grund. Sie sagt, ihre Klassenkameradin, das einzige Mädchen in der Gruppe, das sie näher kennt, habe morgens in der Schule nicht mit ihr spielen wollen und jetzt habe sie keine Freundin beim Ballett.

„Ich gehe nicht hin. Ich ziehe die doofen Ballettsachen nicht an! Du kannst mich nicht zwingen!“ „Gut, Lea“, sage ich ruhig. „Dann ziehst du dich eben nicht um. Das ist deine Entscheidung. Aber du bist seit zwei Tagen fest angemeldet und deshalb werden wir zum Unterricht fahren.“

„Ich tanze nicht mit! Du wirst schon sehen!“, ruft sie wütend. Wir fahren und betreten schließlich den Tanzraum. Lea läuft verstockt neben mir und hält den Kopf gesenkt. Plötzlich dreht sie sich um und läuft weg. „Ich gehe nicht!“, schreit sie. Ich entschuldige mich bei der Ballettlehrerin und laufe ihr nach. Nachdem ich sie auf der Straße eingeholt habe, klemme ich sie unter den Arm und nehme sie mit zurück. Sie weint. „Wir gehen jetzt zum Ballett. Ich bleibe heute bei dir“, sage ich.

Wir setzen uns auf eine Bank und schauen den Übungen zu. Die Ballettlehrerin fordert Lea zweimal freundlich auf mitzumachen. Sie schüttelt wortlos den Kopf. Wir sitzen zwanzig Minuten. Ich denke darüber nach, was ich weiter unternehmen könnte, wenn Lea bei ihrer Haltung bleibt. Dann schiebe ich die Gedanken weg und nehme mir vor, einfach Geduld zu üben. Nach weiteren fünf Minuten fällt mir auf, dass Lea das Geschehen aufmerksamer verfolgt. Die Lehrerin stellt eine Frage. Lea platzt mit der Antwort heraus. Weitere fünf Minuten vergehen. Lea wird immer unruhiger.

„Wer weiß noch, wie der Ablauf beim Sprung ist?“, fragt die Lehrerin. „Ich!“, ruft Lea, wirft Jacke und Hose ab und stürmt auf die Tanzfläche. Den Rest der Stunde tanzt sie konzentriert und fröhlich mit. Der Streit mit ihrer Schulfreundin ist ebenso vergessen wie ihr Beharren, nicht zu tanzen.

Ich bin verblüfft über diese einfache Konfliktlösung, bei der weder komplizierte Strategien entwickelt noch lange Gespräche geführt werden mussten – und sehr zufrieden.

75 Enttäuscht und schlecht gelaunt

Zum Abschluss der Weihnachtsferien beschließen wir vier gemeinsam am Frühstückstisch noch einen größeren Spaziergang durch den Schnee zu machen. Zum Schlitten fahren liegt nicht genug Schnee. Wir fahren ein Stück mit dem Auto. Schon beim Aussteigen bemerke ich, dass Tom (8) etwas nicht gefällt. Auf meine Frage antwortet er nicht. Wir gehen langsam los. Tom trägt einen Tellerbob und bleibt trotz geduldigen Wartens immer wieder und auch immer weiter zurück. Wir machen Spiele mit Merle (8) um nicht zu frieren. Wir drei sind nicht sehr erfreut über dieses Tempo, aber wir lenken uns so ab, dass der Ärger keinen Platz hat. Wenn Tom zu uns aufschließt, bemühen wir uns, ihn mit in unser Spiel einzubeziehen. Für sehr kurze Augenblicke macht er mit, fällt aber wieder zurück. Das geht fast eine Stunde so. Es fällt kein ‚böses Wort'. Ich spreche ihn mehrmals freundlich an und frage, ob ich ihm helfen kann. Er gibt aber keine richtige Auskunft. Mit Merle kommen wir einige Minuten eher an einem Bachlauf an und sie entdeckt wunderschöne Gebilde aus Eis und Gräsern. Sie beginnt gleich damit, am Wasser zu spielen und ‚Eiszapfen zu ernten'. Als Tom ankommt, lassen wir ihm die Zeit. Es ist ihm richtig anzusehen, wie es in ihm arbeitet. Dann verändert sich sein Gesichtsausdruck: Er läuft zu Merle und hilft ihr bei der ‚Ernte'. Beide lachen und sind fröhlich. Nach ungefähr einer Stunde beginnen wir den Rückweg reich bepackt mit Eiskunstwerken. Jedes Kind trägt eine schwere Last ohne zu murren. Irgendwann auf dem Weg erklärt Tom mir von sich aus, dass er gerne mit dem Tellerbob fahren wollte und keine Möglichkeit dazu gesehen hat und deshalb so sauer war. Er ist so fröhlich wie sonst auch, und ich bin froh, dass ich nicht wie früher mit Meckern und Nörgeln reagiert habe.

76 Nachholbedarf

Ich bin am Abend von einer einwöchigen Fortbildung zurückgekommen. Gunnar (9) und Tim (11) haben die Zeit allein ganz prima selbstverantwortlich ‚geschmissen', bis der Vater abends kam. Ich bin sehr stolz und glücklich über ihr Verhalten.

Tim ist sehr kuschel- und nähebedürftig, was ich gerne zulasse; er sagt es nicht, freut sich aber offensichtlich über meine Rückkehr. Ich freue mich genauso, ihn zu kraulen und mit ihm zu schmusen.

Als ich später an sein Bett komme und mich hinsetze, hat er noch viel zu erzählen. Ich merke, wie er vom Hölzchen aufs Stöckchen kommt, Unzusammenhängendes kommt in schneller Folge aufeinander. An anderen, normalen Abenden kürze ich einen solchen Redeschwall auch gern mal ab mit einem festen Drücken und Gute-Nacht-Kuss. Heute spüre ich, dass da einer redet, damit ich da bin, da bleibe, und dass der Inhalt gar nicht so wichtig ist. Auch wenn es mich zu meinem Mann zieht und zu Gunnar, bleibe ich dieses Mal geduldig sitzen, lächle Tim einfach an und lasse ihn reden. ‚Ich rede, also bist du da' ist seine Devise. Ich bringe die Geduld auf, dass heute *er* das Tempo bestimmt.

Irgendwann sagt er, „So, jetzt bin ich müde", da nehme ich ihn noch mal in den Arm und sage endgültig gute Nacht. Ich gehe mit dem guten Gefühl aus dem Zimmer, dass unser Sohn jetzt ‚satt' ist, emotional satt, und unser Miteinandersein für heute einen runden Abschluss gefunden hat.

77 Hektische Suche vor der Schule

Es ist Montagmorgen, Zeit für die Schule. Ich höre Simon (12) aus seinem Zimmer rufen: „Mama, wo ist denn die Hose, die ich am Samstag an hatte, als wir zum Einkaufen waren?"

O nein, denke ich, was sucht er denn jetzt noch? Und ich ahne, dass es Stress gibt. Ich neige dazu, in solchen Situationen selbst in Hektik zu verfallen und Belehrungen zu erteilen. Nein, denke ich, das hilft nicht. Ich bin jetzt geduldig und ruhig! Und ich frage: „Was suchst du denn?" „Meinen Geldbeutel mit Fahrkarte", kommt es kläglich zurück. Aha. „Und wo hast du die Hose hingetan?" „In den Wäschekorb!" „Dann ist sie schon gewaschen, und ich habe keinen Geldbeutel gefunden", teile ich ihm mit. Simon wird ungeduldig und quengelig: „Da muss sie aber sein!“

Nein, ich lasse mich nicht aus der Ruhe bringen. Schließlich kann nichts weiter passieren, als dass er den Fahrpreis selbst bezahlen muss. Ich ermuntere ihn, noch mal in seinem Zimmer nachzusehen. „Schließlich geht im Haus doch nichts verloren.“ Er schaut noch mal nach und meldet gleich erleichtert: „Ich hab sie gefunden!“ „Prima“, sage ich. „Ich weiß doch, dass du Ordnung halten kannst!“ Grinsend verlässt Simon das Haus.

Ich bin froh, dass ich ruhig geblieben bin, und nicht nach meinem lange eingeübten Muster hektisch und ungeduldig reagiert habe. Ich habe Simon keine Vorwürfe gemacht (pass gefälligst auf deine Sachen auf – was suchst du denn jetzt schon wieder – und das am Montagmorgen) wie ich früher reagiert und damit die Sache aufgebauscht hätte. Es wird mir bewusst, dass Simon eigentlich immer ordentlich mit seinen Sachen umgeht und nur selten etwas suchen muss. Ja, er ist sehr selbstständig für sein Alter. Ich erinnere mich auch daran, dass ich als Kind unordentlich war und oft gerade meinen Geldbeutel und meine Fahrkarte verlegt oder tatsächlich im Bus oder sonst wo verloren habe. Also hat die Panik, die mich zu befallen droht, wenn eine Fahrkarte gesucht wird, eher mit meinen eigenen Erfahrungen zu tun als mit Simon.

Ein Kind ist mehr als sein Verhalten

Kinder möchten alles richtig machen. Sie geben sich oft große Mühe. Jeder, der Astrid Lindgren gelesen hat, weiß mit Michel, dass ‚Unfug nicht geplant wird, es wird Unfug‘.

Kinder wie Erwachsene tun manchmal Dinge, die nicht in Ordnung sind. Das macht sie nicht zu schlechten Menschen. Lassen Sie uns den Kindern vermitteln, dass wir sie lieben und annehmen, wie sie sind, mit allen Fehlern und Unzulänglichkeiten, auch wenn einiges von dem, was sie tun, nicht akzeptabel ist.

Ein Gespräch könnte so anfangen: „Du weißt, dass ich dich lieb habe, aber das, was du gestern gemacht hast, finde ich nicht in Ordnung. Lass uns darüber reden." Solche Gespräche finden statt, nachdem wir uns abgekühlt haben und aus Machtkämpfen ausgestiegen sind, wenn wir wieder ruhig miteinander reden können. Davor haben sie keinen Sinn.

Lassen Sie uns das Kind von seinem Verhalten trennen. Ein Kind, das nicht immer die Wahrheit sagt, ist ein Kind, das manchmal – zu welchem Ziel und Zweck auch immer – lügt. Es ist besser, es nicht zum Lügner zu stempeln. Wir alle kennen die Bezeichnungen Heulsuse, Zimperliese, Zappelphilipp, Nervensäge und viele andere mehr. Es ist besser, solche ‚Etiketten' nicht zu verwenden. Kinder bilden sich Meinungen darüber, wer sie sind, und glauben uns. Ein so beschimpftes Kind wird nicht weniger weinen oder rumhampeln – es wird allenfalls glauben, dass es halt so ist und nicht anders kann, und aufhören sich um besseres Verhalten zu bemühen.

Beschimpfen, Drohen und negative Stempel aufdrücken tut den Eltern nur scheinbar gut, weil sie damit Dampf ablassen. Aber sie geben den Druck an das Kind weiter. Oft reagiert es dann im Sinn der Notlösungen, weil es sich ungeliebt und abgelehnt fühlt.

Die Übungsaufgabe heißt hier:
Das Kind und sein Verhalten trennen

78 Geschwisterstreit mit Schrammen

Marian (6) und Till (2) spielen im Kinderzimmer. Es geht schon eine ganze Weile gut, dann gibt es auf einmal ein Riesengeschrei und der kleine Till kommt weinend aus dem Zimmer gelaufen. Er kommt auf mich zu und sagt, dass ich seinen Arm pusten soll. Als ich den Arm nehme, sehe ich, dass er total zerkratzt ist und blutet. Ich bin im ersten Moment entsetzt und will mir, wenn ich Till versorgt habe, Marian vorknöpfen. Während ich Tills Wunde desinfiziere, denke ich über Marian nach. Er ist noch immer nicht aus dem Kinderzimmer gekommen.

Dann ist Till getröstet und ich gehe zu seinem Bruder. Er erklärt mir, dass sie mit zwei Gitterstäben aus Tills Bett gespielt haben und er den Kleinen damit gekratzt hat. Er habe es nicht mit Absicht getan, versichert er mir. Marian ist immer noch sehr erschrocken und wollte deshalb gar nicht mehr aus dem Zimmer kommen.

Ich nehme ihn in den Arm, um ihm meine prinzipielle Zuneigung zu zeigen: Du bist mein Sohn! Dabei kann ich ihm gleichzeitig erklären, warum ich es nicht mag, dass mit diesen Stäben gespielt wird.

Ich bin froh, dass ich ruhig geblieben bin und mich auch mit Marians Situation befasst habe. Ich habe ihn als Person stehen lassen.

Später sagt er mir dann, dass doch ein bisschen Absicht dahinter gesteckt hat, aber er wollte seinen kleinen Bruder nicht *so* verletzen. Das hätte ich nie erfahren, wenn ich wie immer reagiert und ihm prinzipiell Vorwürfe gemacht hätte.

79 Kinder zu Besuch

Wir haben Besuch von einer Freundin mit ihren Zwillingen Enno und Timo (6). Sie sind noch nicht lange da, da fängt Enno an, verschiedene Schubladen und Schranktüren aufzumachen und etwas aus den Schränken zu holen. Dabei schaut er immer wieder zu uns Erwachsenen, man sieht, er wartet auf eine Reaktion. Meine Freundin schimpft mit Enno, er grinst sie an und macht weiter.

Ich ärgere mich über Ennos Verhalten. Doch es wird mir auch gleich klar, dass er sich in unserem Haus unsicher fühlt, denn er war noch nicht so oft da. Ich atme tief durch und entspanne mich. Dann nehme ich Enno in den Arm und schaue ihn freundlich an. Er ist überrascht, denn mit dieser Reaktion hat er nicht gerechnet. Er will sich aus meiner Umarmung befreien, doch ich lasse ihn nicht gleich los, schaue ihn weiter freundlich an und sage zu ihm mit ruhiger, fester Stimme: „Enno, es ärgert mich, wenn du unsere Schränke aufmachst und etwas herausholst, ohne vorher zu fragen. Ich möchte, dass du damit aufhörst."

Er schaut mich überrascht an, zögert einen Augenblick, dann löst er sich aus meiner Umarmung. Er bleibt eine kurze Zeit stehen und denkt nach, dann fragt er: „Marion, spielst du was mit mir?" Er sucht sich ein Würfelspiel aus und ich spiele eine Runde mit ihm und Timo.

80 Vorpubertät

Simone (11) und ich waren bei Ikea. Sie durfte eine Freundin mitnehmen, wir haben auch ein paar Sachen für ihr Zimmer ausgesucht, und danach haben die Kinder Hot Dogs gegessen. Ich hatte den Eindruck, dass es für uns alle ein guter Nachmittag war. Wir sind dabei, die Sachen ins Auto zu laden, als die gute Laune plötzlich kippt. Aus einem mir unverständlichen Grund wird Simone sehr gereizt und fährt mich heftig und ausfällig an. In solchen Momenten sind ihr Ton und ihre Ausdrucksweise nicht mehr akzeptabel.

Beides geht mir unter die Haut, auch diesmal ärgere ich mich sehr und werde selber heftig, bis ich mich erinnere, dass ich weder kritisieren noch solche Dinge wichtig machen will. Die Rückfahrt verläuft gedrückt.

Zu Hause angekommen, dreht Simone ihren ganzen Charme auf. Aber ich bin noch nicht bereit, die Sache auf sich beruhen zu lassen. Sie muss einfach lernen, dass sie mit ihrer Art sehr verletzen kann, auch wenn sie es nicht böse meint. Ich erkläre ihr, dass ich ihre bösen Worte nicht einfach vergessen kann, und dass ich mich etwas zurückziehen möchte. Ich mag einfach nicht auf ihre Launen reagieren, so wie sie sich das gerade vorstellt. Ich bitte sie, sich die Sache zu überlegen.

Später kommt sie zurück, etwas unsicher und verlegen. Nun nehme ich sie in den Arm und erkläre ihr, dass ich zwischen ihr als Person und ihrem Handeln sehr wohl trenne – ich gebe ihr meine bedingungslose Zuneigung zu verstehen, vermittle ihr aber gleichzeitig, dass ich mich von ihrer gereizten Laune abgestoßen fühle. Offensichtlich hat sie das verstanden, denn im Lauf des Abends sucht sie mir die Bücher heraus, um die ich sie gebeten hatte, und ist überhaupt hilfsbereit und liebenswürdig.

81 Hausaufgaben im letzten Moment

Laura (11) soll im Englischunterricht eine mindestens zehn Seiten starke Mappe zum Thema ‚London' gestalten. Dazu hatte die Klasse eine Woche Zeit. Gemeinsam haben wir schon Informationen aus dem Internet ausgedruckt und verschiedene Stellen mit der Bitte um Infomaterial angeschrieben. So ist eine Menge Material zusammen gekommen. Ich habe Laura gefragt, wie sie vorankommt und Hilfe angeboten. Sie meint, dass sie gut klar komme. Nun ist das Wochenende da und die Mappen sollen am Montag eingesammelt werden. Mit einer losen Blattsammlung kommt sie am Sonntagmittag zu mir. Für halb sechs Uhr war ein Kinobesuch der ganzen Familie geplant. Sie fragt mich, ob ich ihr das sinnvoll einheften kann? So wie die Mappe jetzt aussieht, kann das nur eine fünf werden. Ich sage meine Hilfe bis fünf Uhr zu und falls sie nicht fertig ist, muss Laura allein weiter machen.

Sie bekommt einen Heulanfall, tobt in ihrem Zimmer herum, beschimpft den Rest der Familie. Ich gehe weg und lasse sie in Ruhe. Nach einer Stunde lasse ich mich vorsichtig in ihrem Zimmer blicken. Sie hat alle Blätter auf dem Bett ausgebreitet. In Ruhe kann ich jetzt mit ihr reden. Ich sage ihr, dass ich sie immer noch lieb habe, aber dass diese unkontrollierten Wutanfälle keiner gut aushalten kann. Sie kuschelt sich in meine Arme und erklärt mir, dass sie das bei ihrer Schwester auch nicht leiden mag. Nach der Aussprache ordnen wir die Blätter. Sie arbeitet noch eine Stunde am PC für die Mappe. So schafft sie es gerade noch, fertig zu sein und mit ins Kino zu kommen.

Für mich war es gut abzuwarten, bis der Rauch verweht war. Ich hatte so Gelegenheit, dieses Kind nicht nur im Wutanfall zu sehen und mit ihr in Ruhe zu sprechen.

82 Schule geschwänzt

Mein Sohn Wilhelm (14) hat morgens um acht Uhr Führerscheinprüfung für den Mofa-Führerschein. Er und noch drei andere Klassenkameraden werden vom Fahrlehrer mit zur Fahrschule genommen. Mit der Mutter des einen Freundes habe ich ausgemacht, dass sie die drei Mofafahrer um neun Uhr abholt und zur Schule fährt. Als ich mittags nach Hause komme, sind zwei Kinder schon da, doch Wilhelm kommt nicht. Er ist um zwei Uhr mit seinem Großvater zum Holzmachen verabredet, jetzt ist es kurz vor zwei und er ist nicht in Sicht. Da ruft mich die andere Mutter an und fragt, ob Wilhelm schon da sei, denn ihr Sohn sei noch nicht zu Hause. Außerdem hätte die Schule angerufen und gefragt, warum er denn heute gefehlt habe. Dann klingelt wieder das Telefon, Wilhelm ist dran und bittet mich, ihn bei seinem Freund ein paar Dörfer weiter abzuholen.

Im Normalfall mache ich das nicht, sondern lasse ihn laufen, aber sein Anruf zielt auf den Termin mit seinem Opa ab – und so setze ich mich ins Auto und hole ihn. Während der Fahrt habe ich genug Zeit, mir alles ins Gedächtnis zu rufen und laut auszusprechen, was ich gut an ihm finde und warum ich ihn liebe. Und so bin ich ganz ruhig, als ich bei ihm angekommen bin. Unterwegs frage ich ihn, was er denn mit dem angefangenen Vormittag heute gemacht hat, denn mir ist klar, dass auch er nicht in der Schule war. Er erzählt sofort, dass das Wetter so toll war und er die Entschuldigung von der Fahrschule in der Tasche hatte und damit unmöglich in die Schule gehen konnte, sondern vielmehr mit seinen beiden Freunden ein paar Stunden Freiheit gebraucht hätte, um die bestandenen Führerscheine zu feiern. Nur leider hat er nicht eingeplant, dass er lediglich bis halb zehn entschuldigt war und danach in der Schule aufgefallen ist, dass drei Jungen fehlen.

Als er mir so unverblümt die Wahrheit sagt, gar keinen Versuch macht, mich anzulügen, ist es nicht mehr schwer, Mensch und Handlung zu trennen. Ich sage ihm, dass ich mich darüber freue, dass er den Führerschein bestanden hat, dass er mich nicht angelogen hat, dass er an den Termin mit seinem Opa gedacht hat und dass er so gute Freunde hat, aber dass ich nicht akzeptieren kann, dass er die Schule schwänzt und dafür mit Sicherheit einen verschärften Verweis kassieren wird. Am Abend, nach meiner Arbeit, werden wir in Ruhe darüber reden. Die Stimmung ist trotz seiner ‚Untat' ruhig und entspannt. Das tut mir gut.

Ich merke, dass Wilhelm weiß, sein Verhalten war nicht in Ordnung, und dass es ihm gut tut, dafür nicht angeklagt und niedergemacht zu werden.

Das Ganze hat noch ein Nachspiel: Ich komme am Abend gegen neun Uhr zurück. Die andere Mutter ruft mich an und fragt, ob ich noch irgendeine Idee hätte, wo ihr Sohn sein könne? Nachdem es mittags großen Ärger gegeben habe, sei er mit seinem Fahrrad auf und davon und bis jetzt nicht nach Hause gekommen. Ich bin froh, dass mir so etwas bisher noch nie passiert ist – einen großen Anteil daran hat wohl, dass ich meine Kinder gleichwertig behandle und da haben Schreien und Niedermachen oder gar Schlagen eben keinen Platz.

83 Sturmfreies Elternhaus

Ich komme nach einem Wochenendausflug nachmittags nach Hause. Niemand ist da, nur der Hund begrüßt mich stürmisch. Wie sieht denn bloß die Wohnung aus! Und der Garten! Es ist, als hätte sich ein ganzes Rudel von Affen über Tische und Bänke und durch Blumenbeete bewegt. Ich bin erst einmal sprachlos. Ich würde mich gern hinsetzen, etwas entspannen. Es gibt kein einladendes Plätzchen zum Sitzen. Ich werde wütend und traurig und sauer und enttäuscht. Wie gut, dass meine Tochter Anne (17) jetzt gerade nicht da ist.

Immerhin ist mein Schreibtisch verschont geblieben. Der sieht aus wie immer. Das registriere ich mit Anerkennung. Also setze ich mich dorthin und beginne gleich mit der Arbeit. Das lenkt mich mehr und mehr ab. Aber es kommen mir auch immer wieder Gedanken nach dem warum und wozu?

Als Anne dann kommt, habe ich mich beruhigt. Schuldbewusst schaut sie um die Ecke. Die Leitung ihrer Fete sei ihr aus den

Händen geglitten, und ein Termin heute habe sie am rechtzeitigen Aufräumen gehindert. Ich höre ihr ruhig zu und sage ihr, wie es mir ergangen ist und dass ich mich wohl fühlen möchte, wenn ich nach Hause komme. Sie versteht mich sehr gut. Sie bringt noch an diesem Abend alles wieder in Ordnung, während ich weiter meine Sachen erledige.

Es gibt keinen Streit, sondern Zuhören, miteinander Sprechen und Verständnis. Ich lasse Anne als Person stehen. Sie spürt, dass ich nur das Chaos ablehne und reagiert deshalb auch angemessen und einsichtig. Am nächsten Tag erzählt sie dann mehr von der Fete, welche Schwierigkeiten sie hatte und wie es ihr überhaupt damit ging. Gemeinsam überlegen wir, was in Zukunft anders gemacht werden könnte.

Versetz dich in meine Lage!

„Mit den Augen eines anderen zu sehen
mit den Ohren eines anderen zu hören,
mit dem Herzen eines anderen zu fühlen" –
das scheint mir eine ... Definition von dem zu sein,
was wir Gemeinschaftsgefühl nennen."
(Alfred Adler)

Eine indianische Weisheit sagt, dass ein Mensch nur dann den anderen verstehen kann, wenn er drei Meilen in dessen Mokassins gegangen ist.

In einer Übung, die wir Vier-Schritte-zur-Klärung-der-Beziehung nennen, geht es darum, uns in das Kind einzufühlen, bevor wir versuchen, einen Konflikt zu lösen.

Wir machen die Übung wieder allein, ungestört in unserem Zimmer, bevor wir mit dem Kind über einen Konflikt sprechen.

Wir brauchen dazu zwei Stühle, die sich gegenüber stehen. Auf den einen Stuhl setzen wir uns als Mutter oder Vater. Hier drücken wir **unsere** Meinung und **unsere** Gefühle aus.

Auf den anderen Stuhl setzen wir uns als unser Kind. Wir fühlen uns ein und sprechen **als unser Kind**: Wie sieht es die Situation? Wie fühlt es sich? Darum geht es hier.

Wenn wir die Gedanken und Gefühle unseres Kindes nach-denken und nach-empfinden, bringen wir ein neues **Verständnis** auf für das, was unser Kind tut. Dies wird unsere Gefühle und damit unser Handeln beeinflussen.

Nach jedem Schritt als Erwachsener wechseln wir den Stuhl und antworten als unser Kind.

Vier Schritte zur Klärung der Beziehung	
1. Schritt: Ermutigung	„Ich bin froh, dich zu haben. Ich bin gern mit dir zusammen."
	Wechsel auf den anderen Stuhl: Wir antworten als Kind.
2. Schritt: Verständnis	„Ich verstehe dich und deinen Standpunkt."
	Wechsel auf den anderen Stuhl: Wir antworten als Kind.
3. Schritt: Ich-Botschaft	„Mir geht es dabei so..."
	Wechsel auf den anderen Stuhl: Wir antworten als Kind.
4. Schritt: Lösung	„Was können wir jetzt tun?"
	Wechsel auf den anderen Stuhl: Wir antworten als Kind.
	Eventuell Vorschlag unterbreiten oder Vorschlag des Kindes aufgreifen
	Wechsel auf den anderen Stuhl: Wir antworten als Kind.
	Anerkennung – Verabschiedung

Das Kind ist meist am Konflikt beteiligt, deshalb beziehen wir es in den Lösungsprozess ein. Eltern sind geneigt, ihre eigenen Lösungen anzubieten, nämlich was sie gerne hätten. Daraus kann ein neuer Machtkampf entstehen. Wenn die Kinder ihre Ideen einbringen können, sind sie eher bereit, sich an die Vereinbarungen zu halten.

Wichtig:
es geht weder um Rechtfertigung noch um Rechthaben. Wenn wir uns dabei ertappen, dass wir in diesem Rollenspiel „**aber...**" sagen, sind wir bei Vorwürfen oder Rechtfertigung:

(„Ich kann verstehen, dass du gerne lange aufbliebest, aber…“ „Es tut mir leid, dass ich dich angeschrieen habe, aber…“)
Genau das wollen wir nicht!

Erst beim dritten Schritt drücken wir aus, wie es uns geht:
„Ich habe Angst, dass du am nächsten Morgen unausgeschlafen bist.“
„Ich werde wütend, wenn ich das Gefühl habe, dass ich nicht respektiert werde.“

Hier sprechen wir aus, was **wir fühlen** (Ich-Botschaft: „Ich fühle mich nicht respektiert“), nicht was wir dem Kind vorwerfen (Du-Botschaft: „Du respektierst mich nicht“). Wir geben damit dem Kind die Chance, auch in unseren Mokassins zu stehen und Verständnis für unser Erleben einer Situation zu entwickeln. Vater und Mutter werden zu Personen ‚aus Fleisch und Blut‘, mit Kopf und Herz.

Die Übungsaufgabe heißt hier:
Vier Schritte zur Klärung der Beziehung

84 Streit beim Übungsdiktat

Amelie (12) schreibt diese Woche eine Physikarbeit und ein Diktat. Sie bittet mich für das Diktat mit ihr zu üben. Es ist lang. Einmal hat sie es abgeschrieben. Nun soll ich mit ihr üben, aber nur die Hälfte. Ich versuche sie zu überzeugen, dass nur der gesamte Text Sinn macht. Daraufhin schmeißt sie ihr Schreibzeug auf den Tisch und heult. Ich verlasse das Zimmer.

1. Schritt: Ermutigung	„Hallo Amelie, schön, dass wir hier zusammen sind. Ich habe dich sehr lieb.“
	Amelie: „Hallo Mama, wenn du so ankommst, willst du bestimmt etwas von mir.“

2. Schritt: Verständnis	„Ich verstehe, dass du jetzt keine Lust hast, den Text noch mal zu schreiben."
	Amelie: „Genau, immer diese blöden Hausaufgaben. Du weißt genau, wie lange es dauert, eine Seite zu schreiben. Und am Donnerstag schreiben wir es erst."
3. Schritt: Ich-Botschaft	„Ich fühle mich von dir respektlos behandelt. Ich nehme mir jetzt bewusst Zeit für dich und bekomme eine Abfuhr. Damit geht es mir auch nicht gut. Morgen bringe ich Britta (9) zum Klavierunterricht und am Mittwoch fahre ich euch beide zum Schwimmen. Also haben wir nur heute gut Zeit zum Üben."
	Amelie: „Ja, stimmt, daran habe ich gar nicht gedacht. Und für Physik muss ich auch noch üben."
4. Schritt: Lösung	„Was können wir jetzt tun?
	Amelie: zuckt die Achseln.
	„Wollen wir noch mal von vorne anfangen? Sollen wir jetzt die eine Hälfte üben und eine halbe Stunde später die andere Hälfte?"
	Amelie: „Okay. Es geht ja wohl nicht anders. Dann mache ich morgen Physik, wenn Britta weg ist."
	„Da bin ich aber froh, dass wir uns noch einigen können. Du bist doch eine einsichtige Tochter. Bis bald."

Nachdem ich diese Übung im Geiste durchgespielt hatte, ging ich noch mal zu Amelie. Erstaunlicherweise war sie offen für meinen neuen Vorschlag. In der Hälfte des Textes, als ich enden wollte, bat sie mich doch bis zum Schluss zu diktieren.

Ich habe mich gefreut, wieder einen Zugang zu ihr zu haben. Für sie war es auch gut, dass sie diesen Neuanfang zugelassen hat. Ich glaube, diese Übung werde ich öfter anwenden.

85 Aufräumen – aber selbstbestimmt

Mareike (9) bekommt regelmäßig einen Wutanfall, wenn am Dienstag unsere Putzhilfe da war und ihr Zimmer aufgeräumt hat. Wildes Geheule und etliche Beschimpfungen haben wir uns dann anzuhören.

1. Schritt: Ermutigung	„Hallo Mareike, schön, dass du da bist. Du weißt ja, dass ich dich sehr lieb habe."
	Mareike: „Können wir zusammen ein Spiel spielen, hast du jetzt Zeit für mich?"
2. Schritt: Verständnis	„Ich wollte mal mit dir über Frau Bauer und dein Zimmer sprechen. Ich verstehe, dass du manchmal ganz schön sauer bist, wenn sie die Sachen woanders hingeräumt hat, als du es dir vorstellst."
	Mareike: „Genau, die soll die Finger aus meinem Zimmer lassen. Es ist meine Sache, wie es da aussieht. Ich mache das alles alleine. Sie räumt einfach alle Kuscheltiere ins Regal und schmeißt meine Zettel weg. Da kann ich doch wohl wütend werden, oder?"
3. Schritt: Ich-Botschaft	„Klar, das verstehe ich schon. Doch mich machen deine Wutanfälle ganz traurig. Ich bin auch enttäuscht. Wir hatten uns im Familienrat darauf geeinigt, dass jeder seine Sachen selber wegräumt, bevor Frau Bauer kommt."
	Mareike: „Meistens vergesse ich am Montag, dass sie am nächsten Tag kommt. Und morgens habe ich keine Zeit mehr."
4. Schritt: Lösung	„Was meinst du, was wir nun tun sollen?
	Mareike zuckt mit den Achseln.
	„Soll ich dich vielleicht am Montag noch mal erinnern, dass Frau Bauer am nächsten Tag kommt? Dann räumst du schnell auf und sie kann putzen und saugen. Ich sage ihr, dass alles, was auf deinem Schreibtisch liegt, so liegen bleiben soll."
	Mareike: „Ja, das wäre ganz gut. Denn montags habe ich auch Zeit. Sag es mir schon um drei, dann kann ich das noch schaffen nach den Hausaufgaben."
	„Das ist doch eine gute Lösung. Prima, dass wir darüber noch mal gesprochen haben. Machs gut, meine Mareike"

Diese Lösung haben wir später auch besprochen. Der nächste Dienstag ist auch ohne Wutanfall verlaufen.

86 Computerzeiten regeln

Es stört mich, dass David (13) jetzt gerade in den Ferien so viel am Computer sitzt.

1. Schritt: Ermutigung	„Lieber David, du bist ein sehr aufgeweckter Junge, ein kluger Kerl! Mir gefällt, dass du so ein ausgeglichenes Wesen hast, immer gute Ideen hast und so ausdauernd deine Ziele verfolgen kannst! Ich mag dein Lachen und so oft das schelmische Grinsen in deinem Gesicht. Ich bin gern mit dir zusammen, schaue dich gerne an und merke, dass du so genau richtig bist."
	David: „Klar!"
2. Schritt: Verständnis	„Wir hatten in den letzten Tagen immer wieder Gespräche wegen der Computer-Zeiten. Ich kann gut verstehen, dass die Zeit schnell vergeht, wenn man am PC sitzt, das merke ich auch immer wieder. Schwupps, ist schon wieder eine Stunde vorbei und man hat das Gefühl, dass man erst fünf Minuten da sitzt. Mir gefällt ja auch, dass du so kreativ bist und du dich so gut auskennst, dass du sogar mit deinem Freund eine Homepage erstellen kannst. Und ich bewundere auch, dass ihr die Daten, die ihr dafür braucht, so genau recherchiert."
	David: „Ja, das ist wirklich viel Arbeit! Und wir sind schon ganz schön weit! Und wenn ich schon mal Ferien hab', will ich die Zeit ja auch nutzen.
3. Schritt: Ich-Botschaft	„Mir geht es so, dass ich da leicht den Überblick verliere und nicht weiß, wie lange du am PC sitzt, und ich möchte nicht, dass das stundenlang ist. Das hatten wir ja schon vereinbart. Ich merke, wie ich jedes Mal ärgerlich werde, wenn du wieder im Kämmerchen verschwunden bist und auch keine Lust hast an die Luft zu gehen oder mal etwas mit uns zusammen zu machen."
	David: „Jaa, das stimmt ja, es liegt aber nicht daran, dass ich gar nicht raus will, nur nicht gerade dann, wenn du willst."
4. Schritt: Lösung	„Gut, aber wie sollen wir das denn für den Rest der Ferien lösen?"

	David: „Naja, ich könnte ja vormittags eine Zeit lang … oder dann, wenn mein Freund Zeit hat (dann will ich aber länger als eine Stunde!), und wenn wir etwas unternehmen, dann kann ich es ja verschieben. Vielleicht muss ich ja auch nicht jeden Tag dran."
	„Gut, dann vereinbaren wir doch, dass du mir sagst, wenn du an den PC gehst, damit ich nicht immer den Eindruck habe, dass du schon ewige Zeiten dran bist. Und dann vereinbaren wir jeweils eine Zeit, okay?"
	David: „Na gut!

Nachdem ich diese Schritte so für mich durchdacht hatte, war ich schon friedlicher gestimmt und konnte David viel besser verstehen! Wir trafen später tatsächlich eine solche Vereinbarung, die uns etliche Diskussionen ersparte.

87 Kleiderkauf mit Mama

Ich führe mein Vier-Schritte-Gespräch mit Michael (fast 14) zum Thema ‚Kleidung'. Ich vermittle ihm mein Verständnis dafür, dass er in seinem Alter die Kleidungsfrage allein entscheiden will. Sage aber auch als Ich-Botschaft, dass ich besorgt bin und mich hilflos fühle, wie er sich bei Minusgraden zu kalt kleidet und immer kalte Hände und Füße hat, also offensichtlich auch unterkühlt ist. Im Hin- und Herwechsel drücke ich aus, dass ich, weil ich ihn liebe, gern etwas für ihn kaufe und ihn gern in etwas Sportlich-Schickem sehe, was er sich aussucht. ‚Er' gibt schließlich nach, dass man ja was kaufen könnte zusammen.

Mit diesem ‚Gespräch' im Kopf spreche ich ihn wirklich tags darauf an. Ich meine zu verstehen, dass wir uns einigen, Samstagvormittag in ein bestimmtes Sportgeschäft zu fahren. Als es soweit ist und ich morgens frage, wann wir los wollen, fällt er aus allen Wolken, mauert, mault. Er weiß von nichts. Kurz darauf gerät er auch noch mit seinem Vater aneinander und der explodiert. Michael flieht in sein Zimmer, die Situation ist verkorkst.

Ich bleibe ruhig. Irgendwie habe ich Verständnis für ihn. Als ich freundlich sage, „Wir sind gleich weg", fragt mein Mann gereizt, wer denn ‚wir' nun sei. „Das weiß ich noch nicht genau", ist meine ruhige Antwort, denn ich bin schon auf dem Weg nach oben und klopfe bei Michael. Er sitzt unglücklich und mit einem Anflug von ‚trockenen Tränen', was ich so gut bei ihm kenne, auf seinem Bett. Das Gefühl des ‚Vier-Schritte-Gesprächs' hat jetzt völlig die Oberhand, ich streiche ihm über die Schulter und sage ihm, wie gern ich etwas für ihn kaufen würde. Ob wir nicht doch ...?

„Nur wenn Papa nicht mitkommt", ist seine Antwort, die ich im Moment verstehen kann. Er ist sauer auf ihn, seine Kritik. Dann rast er die Treppe runter, raus, um seinen Vater bloß nicht noch mal zu sehen.

Der Einkauf wird erstaunlich angenehm. Michael probiert mehrere Teile, sagt klar, was ihm an diesem oder jenem nicht gefällt und hilft später geduldig nach einer Sporthose für seinen Bruder suchen, der auch mit dabei ist. Seine verstohlenen Blicke zur Uhr ignoriere ich, weil sie Anlass für den Streit zwischen Vater und Sohn waren. Denn Michael glaubte, keine Zeit zu haben, weil er mittags Sport im Fernsehen schauen wollte. Wir sind pünktlich dazu zurück. Zeit ist nun einmal eines seiner schwierigen Themen.

88 Sei bitte um neun zu Hause!

Ein Freund von Ricarda (15) wird konfirmiert. Sie ist eingeladen, zum Kaffeetrinken. Um ein Uhr schon ist sie mit ihrer Freundin Anne im Badezimmer eingeschlossen, die Mädchen duschen, probieren Frisuren aus, verwerfen Kleider. Da wir nicht wissen, was die Gastgeber geplant haben, verabreden wir, dass sie anruft, falls es später als neun wird.

Nun ist es abends, nach neun. Weder Ricarda noch ein Anruf! Nicht tragisch, denke ich, sie ist bestimmt nicht durchgekommen, da ich telefoniert habe. Um zehn Uhr werde ich nervös. Ob ich die Gastgeber anrufe? Das Telefon ist nicht in Betrieb. Ob ich sie einfach abhole? Aber vielleicht sitzt sie in der Bahn und klingelt, wenn ich gerade weggefahren bin.

Das Telefon – der ersehnte Anruf. Es ist Anne. Die Feier war schon bald zu Ende, die Mädchen sind zu Anne gefahren. Eben waren sie noch schwimmen, aber nun ist Ricarda unterwegs. Ich habe Mühe, ruhig zu bleiben. Meine Gefühle umfassen das ganze Spektrum von Ärger, Zorn, Angst, Enttäuschung; ich fühle mich hintergangen. Warum hat sie nicht angerufen, bevor sie zu Anne gefahren ist?

Endlich ist sie da, kurz vor elf. Ihr schlechtes Gewissen ist offensichtlich, sie lächelt mich mit charmantem Hundeblick an und holt zu einer Erklärung aus. Mir ist nicht nach Auseinandersetzung, sondern nach Abkühlung. So freundlich wie ich kann, beschreibe ich kurz meine Gefühlslage und teile ihr mit, dass wir morgen darüber reden können. „Gut, wenn du das so willst", ist ihre coole Antwort. Scheinbar unbeteiligt geht sie in ihr Zimmer.

Am nächsten Morgen sind die vier-Schritte dran. Wie es ihr wohl geht? Wir hatten neun vereinbart, also dachte sie wohl, sie könne bis dahin selber über ihren Nachmittag und Abend entscheiden. Bestimmt hat sie nicht daran gedacht, dass ich gerne weiß, wo sie ist, dass ich dann einfach ruhiger bin. Vielleicht hat sie befürchtet, dass sie nicht mehr zu Anne dürfte, wenn sie Bescheid sagt. Im Grund ist sie ehrlich. Sie hasst es, mit jemandem im Streit zu liegen. Sie hat bestimmt auch nicht gut geschlafen. Außerdem ist sie fünfzehn, sie möchte Freiheit haben. Nachts schwimmen zu gehen – welch ein sinnliches Vergnügen!

Nach der Schule spreche ich das Thema an. Erst ist sie vorwurfsvoll: „Du wolltest ja nicht hören, was ich dir sagen wollte", dann sprudelt sie den ganzen schönen Nachmittag hervor. Bald muss der Konfirmand sich der herbei gereisten Familie widmen, die Freunde gehen in den Park, unterhalten sich gut. Ricarda und Anne wollen sich noch nicht trennen, als die anderen nach Hause gehen. Und etwas ganz Verrücktes tun – in der Dämmerung schwimmen gehen – der Spaß leuchtet durch ihren zerknirschten Ton hindurch. Ich frage sie, ob sie meine Seite hören möchte. „Ja." Ich schildere ihr meine Angst und meinen Ärger. Ich erzähle ihr, dass ich weiß, wie ehrlich und gradlinig sie ist, aber dass ich mich durch ihr Vorgehen hintergangen fühlte. Ricarda und ihr Verhalten sind getrennt. Das alles kann sie nachempfinden. „Und was machen wir jetzt?" Achselzucken.

Ich frage sie, ob sie sich mit einer festen Zeit anfreunden könnte, zu der sie zu Hause ist, wenn am nächsten Tag Schule und nichts anderes ausgemacht ist? Das kann sie. Neun ist ihr zu früh, halb zehn wäre in Ordnung. Wir einigen uns auf viertel nach neun.

Wir sind beide erleichtert und zufrieden. Der Konflikt ist behoben, wir geben uns die Hand. Ricarda wird unsere Abmachung ins Familienbuch schreiben.

Kein Meister fällt vom Himmel

Erkläre es mir, und ich werde es vergessen.
Zeige es mir, und ich werde mich erinnern.
Lass es mich tun, und ich werde es begreifen!
(Konfuzius)

Ungefähr ab dem zweiten Lebensjahr wollen die Kinder alles selber machen. Ihr Geschick hinkt hinter ihrem Selbstständigkeitsdrang her. Das führt dazu, dass Mütter viel übernehmen, was Kinder tun könnten, wenn man sie üben ließe (und – ein unerwünschter Nebeneffekt – Kinder gewöhnen sich daran, Mütter machen zu lassen, anstatt selber zu probieren.)

Kinder beobachten und ahmen uns nach. Oft sind unsere Bewegungsabläufe für sie viel zu schnell, als dass sie sie optisch in allen Einzelheiten erfassen könnten. Es hilft ihnen, wenn wir ihnen **in Zeitlupe** zeigen, wie man z. B. einen Pinsel im Wasserglas ausspült und am Glasrand abstreift, Zahnpasta im Waschbecken beseitigt, einen nassen Lappen auswringt, Schuhe auf der Matte abstreift, Schuhe nebeneinander stellt und die Schnürsenkel im Schaft verschwinden lässt, Jacken aufhängt, einen Reißverschluss einfädelt, Milch eingießt, und vieles andere mehr.

Maria Montessori, deren Erziehungsmodell darauf beruht, Kindern zu helfen, es selbst zu tun, schlägt vor, dass wir das wortlos tun, damit sich das Kind auf das genaue Hinschauen konzentrieren kann. Das ganz langsame Zeigen mag uns Erwachsenen seltsam und übertrieben vorkommen. Für die Kinder ist es wichtig.

Kinder sind nicht immer aufnahmebereit. Deshalb fragen wir vor dem Anlernen: **„Darf ich dir das zeigen?"** Wenn das Kind nicht will, hat es wenig Sinn, ihm das Anlernen aufzuzwingen. Es wird nicht hinschauen. Dann probieren wir es am nächsten Tag noch mal.

Die Übungsaufgabe heißt hier:
Zeit nehmen zum Anlernen

89 Frühstücksei

Sonntags morgens gibt es bei uns immer Frühstückseier. Tobias (3) möchte am liebsten alles alleine machen. So will er auch sein Ei selber aufschlagen. Ich gebe ihm sein Kindermesser und frage ihn, ob ich es ihm zeigen darf. Er schüttelt den Kopf, so lasse ich es ihn erst einmal allein probieren. Er schlägt das Ei total schief auf, so dass das Eigelb heraus läuft. Er ärgert sich darüber sehr. Ich sage ihm: „Ich finde es schon ganz gut, dass du das Ei überhaupt aufgeschlagen hast. Möchtest du mein Ei auch aufschlagen?" Er sagt natürlich ja. Ich frage ihn: „Soll ich dir zeigen, wie man das Messer richtig hält?" Er nickt mit dem Kopf und hält mir sein Messer hin. Ich frage ihn: „Sollen wir es gemeinsam versuchen?" Wieder ein Kopfnicken. Also stelle ich mich hinter ihn, halte seine Hand mit dem Messer und zeige ihm zuerst, wie man das Messer gerade halten muss. Dann schlagen wir es gemeinsam auf. Es hat super geklappt. Tobias freut sich. Ich frage ihn, ob er Papas Ei jetzt allein aufschlagen möchte. Er strahlt über das ganze Gesicht und sagt begeistert: „Au ja!" Ich stelle ihm das Ei hin, zeige ihm noch einmal, wie man das Messer gerade hält, dann lasse ich seine Hand los und er macht das Ei allein auf. Es hat geklappt, super, ich glaube ich konnte das erst, als ich erwachsen war. Ich sage ihm: „Was du schon alles kannst mit deinen drei Jahren!" Tobias ist sehr stolz, er strahlt bis hinter die Ohren.

Es fordert doch manchmal viel Geduld, doch es lohnt sich am

Ende immer. Kinder können wirklich viel mehr, als wir ihnen zutrauen.

90 Schulranzen packen

Unser Sohn Ricardo (11) geht in die fünfte Klasse. Nach anfänglicher totaler Begeisterung über die neue Schule macht sich nach den Herbstferien Ernüchterung breit. Er tut sich schwer mit den vielen verschiedenen Fächern, Fachlehrern und Hausaufgaben. Auch im Ranzen ist häufig zu viel, das Falsche oder ein Buch fehlt. So vereinbaren wir, gemeinsam den Ranzen zu packen.

Bei der Wahl, direkt nach den Hausaufgaben zu packen oder direkt vor dem Abendbrot hat sich Ricardo für abends entschieden. So nehmen wir uns den Stundenplan und haken ein Fach nach dem anderen ab, wobei er aktiv und konzentriert bei der Sache ist. Auch die Sportsachen müssen am Vorabend gepackt sein – ich bestehe darauf, da einige Male morgens hektisch Turnhose und -Schuhe gesucht werden mussten – natürlich unter Zeitdruck.

Nach zwei Wochen Anlernen und Üben geht es schon ganz gut – er achtet mittlerweile gut darauf, ob er ein Fach wirklich am nächsten Tag hat, organisiert auch schon seine Hausaufgaben je nach dem, für wann sie nötig sind. Ich finde das ganz toll und sage ihm auch, wie schön ich es finde, dass er seine Sachen jetzt so selbstständig regelt. Er freut sich über mein Kompliment und geht nach wie vor sehr gern zur Schule.

91 Kochen ohne große Schwester

Wenn Maren (13) dabei ist, hat Bernd (11) keine Chance, beim Kochen mitzuhelfen oder etwas auszuprobieren, weil Maren ihn gerne als ungeschickt hinstellt und ihm die Sachen regelrecht aus der Hand nimmt.

Auf meinen Rat, dem Bruder lieber zu helfen und ihm die Dinge zu zeigen, die sie schon kann, reagiert sie mit Abwehr. Dennoch möchte ich, dass Bernd auch etwas kochen lernt. Heute ist Maren mit Papa unterwegs.

Ich frage ihn, ob er mir beim Kochen helfen will? Bernd antwortet: „Ja“, und schlägt vor Palatschinken (Pfannkuchen) zu kochen. Wir suchen ein passendes Rezept aus und ich frage Bernd: „Welche Geräte brauchen wir zum Palatschinken kochen?“ Bernd findet die meisten Geräte, und ich ergänze die fehlenden. Anschließend sucht er anhand des Rezepts alle Zutaten zusammen. Geschickt misst er die richtigen Mengen ab und gibt sie in eine Rührschüssel. Mit dem Mixer mixt er gekonnt alle Zutaten zu einem flüssigen Teig. Anschließend zeige ich ihm, wie er mit einer Suppenkelle die richtige Menge Teig in die Pfanne gibt und wie er die Pfanne schwenken muss, damit der Teig sich gleichmäßig dünn verteilt. Auch hier arbeitet er geschickt.

Für uns beide ist es eine angenehme Zeit. Wir arbeiten gemütlich zusammen. Ich bin froh, dass ich Bernd etwas Lebenspraktisches beigebracht habe. Dass auch er seinen Spaß hat, sehe ich an seiner guten Laune. Gemeinsam genießen wir die guten Palatschinken, von Bernd selbst gemacht. Mmmmh – lecker!

92 Gartenarbeit mit Teenager

Es ist Herbst, die Zeit, in der ich die Bäume beschneide. Da es ziemlich viele sind, fange ich schon frühzeitig damit an und schneide immer wieder mal einen.

Es ist Nachmittag und es dauert nicht mehr lange, bis es dunkel wird. Für den Kirschbaum, den ich gerade schneide, brauche ich bestimmt noch eine halbe Stunde. Da kommt Johann (16) aus dem Haus und meint, dass das Wetter besser wird, wenn die Affen steigen. Darauf steige ich ein und sage ihm, dass im Moment die Mehrzahl noch nicht angebracht ist, dass ich aber zwei Scheren eingesteckt und gegen Hilfe nichts einzuwenden habe. Darauf meint er, dass er das sowieso nicht kann, und dass wir wahrscheinlich im nächsten Jahr keine einzige Kirsche haben werden, wenn er mir hilft. Ich frage ihn, ob ich ihm einmal zeigen darf, wie das Schneiden geht, und so kommt er zu mir her.

Ich erkläre ihm, wie ich diesen Baum schneide, damit er eine schöne Rundkrone entwickelt. Johann ist interessiert, nimmt die

Schere in die Hand, lässt sich zunächst einen großen Ast lang von mir bestätigen, ob das, was er schneiden will, richtig ist und schneidet dann diesen Ast fertig. Den nächsten nimmt er sich allein vor und nur, wenn zu viele Äste da sind und er sich nicht sicher ist, welche er stehen lassen, welche schneiden und welche einkürzen muss, fragt er noch mal nach. Wir arbeiten beide an dem Baum und es ist eine ruhige, friedfertige Stimmung zwischen uns. Unterhalten können wir uns kaum, denn wir brauchen beide unsere Konzentration. Als wir fertig sind, räumen wir zusammen die abgeschnittenen Äste auf und ich bedanke mich bei Johann. Er bietet mir an, dass er mir ja bei dem großen Mirabellenbaum helfen könnte, weil er weiß, dass ich nicht gern so hoch klettere. Ich strahle ihn begeistert an und bin wirklich froh über dieses Angebot – an dem ich erkennen kann, dass es auch ihm Spaß gemacht hat.

93 Küchendienst komplett

Eddy (16) trocknet das Geschirr ab. Als er fertig ist, hängt er das Geschirrtuch auf und will gehen. Ich schaue über die Ablauffläche – auch diese gehört abgetrocknet. Meist hab' ich das bisher übernommen. Oft trocknen die Kinder ab, wenn ich nicht da bin und dann bleiben die Pfützen eben stehen. Es ist immer meine Sache, dass die Spüle ordentlich ist.

Bevor ich in Versuchung komme zu kritisieren, erinnere ich mich: Zeit zum Anlernen nehmen!

Also frage ich Eddy freundlich, ob ich ihm mal zeigen darf, wie er diese Arbeit noch besser zu Ende bringen kann, so, dass ich nicht noch mal hinterher wischen muss. Er brummt ein bisschen (nach dem Motto: was denn jetzt noch?) lässt sich aber doch darauf ein. Ich zeige es ihm kurz, lasse ihn aber fertig machen und sage ihm, dass ich mir das so wünsche, weil es dann auch ordentlich aussieht. Das gehört einfach dazu. Eddy scheint das zu akzeptieren.

Am nächsten Tag will er das Tuch gleich nach dem Abtrocknen weghängen. Ich schaue ihn freundlich an und sage nur: „Ich glaub', du hast noch was vergessen." „Ach ja! – mach ich!" Und er erledigt die Aufgabe bereitwillig.

Ich freue mich, dass wir inzwischen eine Ebene miteinander gefunden haben, wo sich solche Dinge gut regeln lassen. Wir können die Dinge oft in dieser Weise ‚neutral' angehen, so dass es wenig Anlässe zu Diskussionen gibt.

Das geht ja schon viel besser!

Kennen Sie den Unterschied zwischen Lob und Ermutigung?

Lob gibt es für Dinge, die ein Kind gut gemacht hat. Manche Kinder machen alles wunderbar, und werden ständig dafür gelobt. (Das kann für die weniger perfekten Geschwister zum großen Problem werden.) Oft aber beziehen solche ‚perfekten' Kinder ihr Selbstwertgefühl nicht aus der vollbrachten Leistung, sondern aus dem Lob, das sie dafür erhalten. Bleibt es aus, werden sie sehr unsicher. Es ist besser, mit Lob bedacht umzugehen.

Kinder, die Fehler machen und sich unsicher fühlen, brauchen viel **Ermutigung**. Gerade sie brauchen unser Vertrauen, dass sie es schaffen werden, auch wenn sie im Moment selber nicht daran glauben. Ein Kind, das weniger Fehler im Diktat schreibt als beim letzten Mal, hat Fortschritte gemacht, auch wenn das Resultat immer noch eine Fünf ist. Diesen Fortschritt können wir anerkennen. Ein Kind, dem beim Tischdecken ein Teller aus der Hand fällt, kann nicht gelobt werden. Aber wir können seine Hilfsbereitschaft anerkennen, es trösten und ihm vermitteln, dass es beim nächsten Versuch den Teller sicher auf den Tisch stellen wird.

Wenn Kinder etwas Neues lernen, ist es wichtig, dass wir ihre Versuche und Fortschritte anerkennen.

Die Übungsaufgabe heißt hier:
Versuche und Fortschritte anerkennen

Jule ($1^1/_2$) hatte bisher wenig Gelegenheit, das Lenken vom Bobby-Car zu lernen, da es im Untergeschoss steht und ich tagsüber selten unten zu tun habe.

Gemeinsam gehen wir die Treppe hinunter. Sie strahlt, als sie das gelbe Bobby-Car sieht. Ohne Hilfe zieht sie sich hoch und setzt sich recht gekonnt darauf; ich sage ihr anerkennend, wie selbstständig sie schon ist, da sie nun allein aufs Bobby-Car kann. Dann erkläre ich ihr, dass ich ein paar Dinge am Computer vorne im Hobby-Raum machen werde. Während der PC hochfährt, höre ich, wie sie versucht, in den Flur zu fahren, aber immer wieder an Wand und Türrahmen anstößt. Ich denke, dass ich sie heute nicht wie bisher um die Ecke schieben will und ein paar Macken an den Wänden in Kauf nehme. Sie fängt an zu schimpfen und ‚Mama' zu rufen, damit ich ihr helfe, schneller durch den engen Flur zu kommen. Ich rufe ihr freundlich ein paar aufmunternde Worte zu und höre dann, wie sie im Flur fährt, wenn auch mit ständigem Anrempeln an der Wand. Dann macht ihr wohl die Kurve Schwierigkeiten, denn sie schimpft wieder und ruft nach mir. Ich rufe zurück „Ich bin hier mein Schatz und freue mich, wenn du bald zu mir findest" und „Du schaffst das ganz sicher". So macht sie schimpfend aber ohne zu weinen weiter. Nach insgesamt zehn Minuten hat sie es dann ganz allein geschafft, zu mir zu fahren. An ihrem strahlenden Gesicht, als sie zielsicher in den Hobbyraum einbiegt, sehe ich, wie sehr sie sich über ihre neue Fähigkeit freut. Gekonnt parkt sie direkt vor mir. Ich drücke sie und sage ihr, wie gut und sicher sie jetzt Bobby-Car fahren kann.

Seitdem begleitet sie mich gerne nach unten, dreht mehrere Runden auf ihrem Gefährt und stößt nur noch selten irgendwo an. Jetzt kann sie auch Wettrennen mit ihrem großen Bruder fahren. Ich freue mich sehr über ihren Lernerfolg und meine Zurückhaltung dabei.

95 Freiwillig aufgeräumt

Olaf (4), ein Freund von Benny (5), ist ein anstrengendes Kind. Da Olaf sehr aktiv ist, muss man immer nachsehen, ob er nichts anstellt, oder etwas kaputt macht. Benny lässt sich von Olaf sehr beeinflussen. Heute besucht er uns ohne seine Mutter. Ich habe schon Panik, weil ich denke, wie stressig es wird. Ich bin sehr erstaunt, als ich nach den beiden sehe, dass sie friedlich miteinander spielen. Ab und zu muss ich sie zwar auf ihre Grenzen aufmerksam machen, doch im Großen und Ganzen finde ich den Nachmittag schön. Später wollen sie noch ein Kinderprogramm sehen, ich sage ihnen, dass sie erst das Kinderzimmer aufräumen müssen, bevor sie fernsehen dürfen. Beide stehen grinsend da und sagen, ich solle doch mal mitkommen. Ich kann gar nicht glauben, was ich da sehe, das Kinderzimmer ist schon aufgeräumt! Vielleicht nicht so wie ich es machen würde, aber für die beiden vier und fünf Jahre alten Kinder ist das eine große Leistung. Ich sage ihnen, wie toll sie das gemacht haben. Ihre Augen leuchten vor Stolz. Bevor Olaf nach Hause geht, nehme ich ihn noch einmal auf den Schoß und sage ihm, wie ich mich freue, dass er sich heute soviel Mühe gegeben hat und dass es mit ihm richtig schön war. Ich spüre, wie es ihm gut tut. Beim Abschied dreht er sich noch mal um und sagt, er wolle jetzt öfter zu uns kommen. Das ist ein schönes Kompliment für mich, ich spüre viel Freude und auch ein bisschen Stolz über diesen gelungenen Nachmittag.

96 Immer so früh aufstehen!

Lotte (7) schlief schon als kleines Kind gern lange. Der Beginn der Schulzeit war deshalb hart für sie, musste sie doch früh aufstehen. Sie weinte und quengelte häufig und war eine Plage für alle anderen müden Familienmitglieder.

Es ist sieben Uhr morgens. Lotte tapst verschlafen die Treppe hoch. Sie blickt auf ihren Platz am Tisch und fängt an zu jammern. „Schon wieder Haferflocken mit Kakao! Warum kann es nicht mal Brötchen geben? – das will ich nicht!" Sie dreht sich um und beginnt sich auszuziehen. Ihr Nachthemd verheddert sich an ihrem Ohrring. Ihr Jammern wird zu lautem Weinen. Sie greift nach ihrer Strumpfhose und zieht sie versehentlich falsch herum an.

„Diese blöde Strumpfhose! Immer passiert mir das! Huhuhuh ...“

O nein, denke ich verärgert, während ich Äpfel schneide und Tee koche, dass das bloß nicht wieder los geht! Dann aber gehe ich zu ihr und nehme sie in den Arm. „Komm, ich helfe dir mit der Strumpfhose, mein müdes Mädchen.“ Ich ziehe ihr die Hose aus und reiche sie ihr von der richtigen Seite. Sie beruhigt sich etwas. „Weißt du, was ich toll finde, Lotte? Vor ein paar Wochen hast du noch fast jeden Tag auf diese Weise angefangen. Jetzt kommt es schon viel seltener vor, dass du nach dem Aufstehen weinst. Bald wird es dir gar keine Schwierigkeiten mehr machen, dich früh anzuziehen und zu frühstücken. Du bist schon ein richtig großes Schulmädchen!“ Lotte lächelt ein bisschen, wischt sich über die Augen und geht zum Tisch, um ihre Haferflocken zu essen. Und ich bin bereit, selbst an das zu glauben, was ich ihr gerade gesagt habe.

97 Morgenmuffel

Frühstück um sieben Uhr: Gabriel (11) ist morgens unansprechbar und muffelig, so beschränken wir uns auf den nötigsten Austausch.

„Was möchtest du mit zur Schule nehmen?“ – „Brot.“ – „Na das dachte ich mir, aber welches Brot und was möchtest du drauf?“ – „Das da“, er zeigt mit dem Finger auf den Brotkorb, „und Frischkäse drauf.“

Und nun nimmt er zu meinem großen Erstaunen die noch ungeöffnete Packung, hebt den Klarsichtdeckel ab und ja, jetzt erwarte ich, dass er auch die schwierigere Alufolie abzieht – aber nein, er reicht mir die Packung mit geschlossener Alufolie über den Tisch.

Sonst hätte ich eine Bemerkung gemacht in die Richtung, dass das ja nun albern sei, die Folie nicht auch abzuziehen und mir die Packung so herüberzugeben. Heute spüre ich, dass dies für ihn im

Moment die bestmögliche Art ist, mir Entgegenkommen zu zeigen. Ich kann seinen Versuch der ‚Kommunikation' annehmen und es als Fortschritt anerkennen, dass er mir überhaupt eine Geste entgegenbringt. Ich freue mich, streiche still sein Brot und reiche ihm die Brotdose. Die Situation ist ruhig und entspannt.

Seit diesem Erlebnis hat sich unser morgendliches Zusammensein Schritt für Schritt zum Guten entwickelt.

98 Überraschung für Mama

Mein Mann und ich sind zu einer Geburtstagsfeier eingeladen. Hannes (13) und Franziska (9) bleiben allein zu Hause. Sie sind noch beim Abendessen, als wir gehen. Auf dem Tisch stehen Jogurt, Milch, verschiedene Müslipackungen, Teller und Tassen. Wir überlassen Hannes und Franziska die Entscheidung aufzubleiben, bis wir nach Hause kommen, oder ins Bett zu gehen, wenn sie müde sind.

Als wir gegen halb elf nach Hause kommen, ist es still im Haus. Beide schlafen.

In der Küche ist tatsächlich der Tisch pikobello abgeräumt, obwohl ich gar keinen ‚Auftrag' erteilt hatte. Das Geschirr ordnungsgemäß in der Spülmaschine, Milch und Jogurt im Kühlschrank, Müslipackungen im Schrank. Ich bin angenehm überrascht über diesen freiwilligen Arbeitseinsatz. Das ist wirklich ein Fortschritt und ich kann dabei großzügig übersehen, dass der Tisch nicht abgewischt ist.

In diesem Moment ahne ich, dass die Zeit doch noch kommen wird, in der meine Kinder solche Routineaufgaben freiwillig und verantwortlich übernehmen werden. Ich sehe Fortschritte und ich weiß, dass es Zeit braucht, neue Verhaltensweisen einzuüben.

Beim Frühstück am nächsten Morgen sage ich, dass ich mich freue Kinder zu haben, die schon so gut für sich selbst sorgen und dann noch die Küche so gut aufräumen können. Die beiden sitzen lächelnd und zufrieden vor ihrem Frühstück. Sie freuen sich, dass ich ihre Arbeit und ihr Bemühen bemerkt habe. Es geht uns gut miteinander.

Worüber man nicht mehr reden muss

Rhythmus (oder Gewohnheit) ist eine Voraussetzung des Lebens. Je eher ein Kind einem gewissen Rhythmus begegnet, desto besser.
(Dreikurs)

Viel Ärger in der Familie dreht sich täglich um denselben Kram: das herumliegende Spielzeug, die Hausaufgaben, Brotdosen und Elternbriefe, die im Ranzen liegen bleiben, Meerschweinchen füttern oder Zimmer aufräumen. Die Eltern schimpfen mit den Kindern; die Stimmung ist verdorben.

Langfristig lernen die Kinder, dass sie mit Fehlverhalten viel Aufmerksamkeit bekommen: Die Notlösungen kommen ins Spiel. Noch langfristiger wird alles zur Gewohnheit und Teil des Charakters.

Hier hilft ein **Routineprogramm** – je früher eingeführt, desto besser. Routine bedeutet, dass wir jeden Tag dasselbe machen, in derselben Reihenfolge, zur selben Zeit, ohne langes Nachdenken. Also zum Beispiel:

> Beim Nachhausekommen werden die Jacke aufgehängt, die Schuhe ausgezogen und an den richtigen Platz gestellt, die Brotdose, Trinkflasche und Elternnachrichten aus dem Ranzen geholt, der Ranzen aufgehängt und die Hände gewaschen. Dann kann es Essen geben.
> Nach dem Spielen im Garten werden die Bälle und die Fahrzeuge in den Schuppen (Garage, Keller) gebracht, die Schuhe ausgezogen, die Hände gewaschen, erst dann ist Fernsehen dran.
> Beim Ausziehen werden die Kleidungsstücke zum Auslüften über einen Stuhl gelegt. Unterhose und Socken kommen gleich in den Wäschekorb. Nach dem Zähneputzen wird das Waschbecken ausgespült und das Handtuch wieder aufgehängt. Danach gibt es eine Gute-Nacht-Geschichte, ein Lied, ein Gebet und einen Kuss – und dann beginnt die Elternzeit.

Der Sinn eines Routineprogramms ist, das ewige Reden, Ermahnen, Auffordern, Drohen zu beenden. **„Von Reden ist hier keine Rede mehr!“**

Mit jüngeren Kindern wird das Routineprogramm eingeübt, bis es klappt. Zeigen, Anlernen und viel Anerkennung gehören dazu. Mit älteren Kindern (ab Kindergartenalter, spätestens ab fünf) wird das Routineprogramm gemeinsam besprochen. Lassen Sie das Kind Vorschläge machen! Ein Plan mit Piktogrammen hilft, die Kinder daran zu erinnern.

Eine kreative Mutter zeichnete Bilder, die sie in kleine Deckel klebte. Das Abendprogramm des Jungen bestand aus einem Säckchen mit sechs Deckeln, die ihm zeigten, was zu tun war: Ausziehen, Kleider hinlegen, waschen, Zähne putzen, aufs Klo gehen, Schlafanzug anziehen. Davon war der Junge begeistert, und der tägliche Streit hörte schlagartig auf.

Wenn das Programm nicht funktioniert, wird **einmal** daran erinnert. Dann treten natürliche und logische Folgen ein.

Erwünschter Nebeneffekt: Kinder lernen, dass Dinge, die sie lästig finden, schnell erledigt werden können. Sie lernen auch, dass sie mit täglichem Üben, auch wenn es kurz dauert, viel erreichen können. Das ist übertragbar: Mit zehn Minuten Flöte üben pro Tag kommt man weiter als mit einem Mal pro Woche eine Stunde am Stück. Das trifft auf Vokabeln lernen, Rechnen und vieles andere ebenfalls zu.

Die Übungsaufgabe heißt hier:
Routineprogramm einführen

99 Jedes Ding an seinen Ort

Jasper (6) geht schon eine Weile zur Schule. Wenn er mittags nach Hause kommt, bleiben meistens die Sachen dort stehen und liegen, wo er sich gerade befindet. Ich muss ihn oft daran erinnern, dass die Jacke an den Haken kommt, die Schuhe vor den Schuhschrank usw. Und wenn er sich dann an den Tisch setzt, frage ich ihn: „Jasper, hast du dir die Hände gewaschen?" „Hab ich vergessen", kommt meistens als Antwort. Das ganze ‚Spiel' kostet viel Zeit und viel Nerven. Das will ich ändern. Ich erzähle Jasper, dass ich etwas Tolles in meiner Ausbildung gelernt habe. Er hat schon gemerkt, dass sich bei uns vieles zum Positiven verändert hat, darum ist er offen und neugierig auf das, was jetzt kommt.

Ich: „Jasper, du findest doch auch gut, dass ich so gut wie überhaupt nicht mehr schimpfe?"

Jasper: „Ja, Mama, das ist mir auch schon aufgefallen."

Ich: „Siehst du, Jasper, das ist ein Beitrag von mir an die Familie. Wie wäre es, wenn du auch einen tollen Beitrag leisten würdest?"

Jasper: „Was soll ich denn machen?"

Ich mit einem freundlichen Blick und freundlicher Stimme auf Augenhöhe mit Jasper: „Wenn du morgen aus der Schule kommst, schauen wir gemeinsam, wo du deinen Schulranzen hinstellst, wie du deine Jacke an den Haken hängst und wo deine Schuhe hinkommen. Dann brauche ich dich nicht immer daran zu erinnern, ich weiß, dass du das kannst. Wie findest du diese Idee?" Jasper ist begeistert. Ich kenne ihn gut, ich weiß, dass er gerne Verantwortung übernimmt und viele Dinge selbst machen möchte.

Am nächsten Tag kommt Jasper von der Schule. Eigentlich weiß er, wo die Sachen hinkommen. Ich begrüße ihn wie immer, dann stellt er, ohne dass ich etwas sage, seinen Ranzen an seinen Platz, hängt die Jacke auf und stellt die Schuhe ordentlich hin. Ich kann kaum glauben, was ich da sehe.

Ich: „Jasper, das ist ja große Klasse, wie das funktioniert." Er strahlt und sagt: „Jetzt gehe ich mir noch die Hände waschen, dann können wir essen." Ich bin begeistert.

Ich musste es seit dieser Zeit nie mehr sagen, vielleicht vergisst er mal das Händewaschen, oder stellt die Schuhe nicht richtig hin, aber das finde ich nicht so schlimm. Schön finde ich, dass sich mittlerweile Tobias das Routineprogramm bei Jasper abgeguckt hat und schon oft seine Jacke selbst aufhängt und gleich die Schuhe auszieht, ohne dass ich etwas sage.

100 Stressfrei ins Bett

Ich beschließe, aus Pauls (7) Zubettgehen ein Routineprogramm zu basteln. So überlege ich mir die einzelnen Schritte und bespreche sie dann mit ihm. Es sieht so aus:

Um viertel vor acht Uhr zieht er sich an seinem Lieblingsplatz, der Ofenbank, aus. Danach darf er noch bis acht mit seinen Brüdern fernsehen. Dann folgen drei Punkte: Zähne putzen, Hände und Gesicht waschen und auf die Toilette gehen. Danach geht's ins Bett und er darf nach mir rufen, damit ich ihm Gute Nacht sage.

Im Grunde kennt er die einzelnen Schritte, doch sie waren noch nie eingebettet in ein ganzes Programm. Bisher habe ich ihn oft ermahnt, doch seit das Programm aufgeschrieben am Kühlschrank hängt, klappt es ganz von allein und die Zeit, die er braucht, wird immer kürzer, denn das Trödeln lässt nach. Außerdem freut er sich immer, wenn ich hochkomme und ihn nach seinem schlechtesten Erlebnis und danach nach seinem schönsten an diesem Tag frage. Insgesamt hat sich das Programm sehr gut bewährt!

101 Pünktlich allein zur Schule

Seit kurzem arbeite ich wieder halbtags. Ich muss morgens kurz nach halb sieben Uhr aus dem Haus. Meine Kinder Leonie (10) und Erik (7) müssen sich allein fertig machen und gehen dann gemeinsam um viertel nach sieben mit ihren Freunden zur Schule.

Ich habe mit ihnen morgens einen Ablauf einstudiert und geübt. Ich wecke sie um halb sieben. Sie stehen dann allein auf, ziehen sich an, waschen sich (damit es keinen Stau im Bad gibt, haben wir abgesprochen, wer als erstes geht), anschließend füttern sie gemeinsam noch unsere Hasen, packen ihr Pausenbrot ein, frühstücken zusammen und gehen dann pünktlich um viertel nach sieben Uhr aus dem Haus, um ihre Freunde nicht warten zu lassen.

Dieses Routineprogramm klappt bis jetzt sehr gut. Erik achtet pedantisch auf den großen Zeiger und weiß genau, wann er gehen muss. Erst einmal hat Leonie vor lauter Eile ihr Pausenbrot liegen gelassen und hatte somit nichts zu essen dabei.

Ich bin stolz auf meine Kinder und sie sind stolz darauf, dass das so gut allein klappt, und dass sie schon von den Mamas der Nachbarschaft sehr gelobt worden sind, wie zuverlässig sie seien.

102 Haarpflege

Margarethe (12) und Charlotte (9) haben beide lange blonde Haare. Lange Haare sind schön, besonders wenn sie gepflegt sind. Leider pflegt Margarethe ihre nicht. Das führt immer wieder zu Diskussionen zwischen uns. Die Unterhaare sind verfilzt und jedes Mal nach dem Haare waschen verbringen wir beide viel Zeit damit, sie zu entknoten.

Diesmal ist es besonders schlimm und ich bekomme die Knoten nicht vollständig heraus. So beschließen wir, erst einmal zum Friseur zu gehen. Das will mein Mann mit ihr machen. Die Option, die Haare abzuschneiden, besteht, falls nichts zu retten ist. Doch Margarethe hat Glück. Der Friseur bringt es nicht über das Herz, diese Haare abzuschneiden. Mit viel Geduld und einem besonderen Spray gelingt es ihm, die Haare zu entknoten. Eine strahlende Margarethe kommt nach Hause.

Nun führen wir ein Routineprogramm ein. Margarethe bürstet dreimal am Tag ihre Haare durch. Alle drei Tage werden sie mit Shampoo und Kurpackung gewaschen, danach gebürstet und geföhnt. Sie hat selbstständig die Kurpackung gekauft und will mir rechtzeitig mitteilen, wenn sie eine neue Packung braucht.

Jetzt, nach 14 Tagen, klappt es immer noch. Wir streiten auch nicht mehr über die Haare. Oft kommt sie zu mir, um sich die Haare einflechten zu lassen. Ich habe jetzt eine hübsche, gepflegte Tochter.

Für Margarethe war es gut, den drohenden Schock – die Haare abzuschneiden – noch einmal abgewendet zu haben. Das Routineprogramm hilft ihr, die regelmäßige Pflege zu lernen.

Auch für mich ist die Lösung gut. Die endlosen Diskussionen haben nur Verdruss für alle Beteiligten gebracht. So haben wir dieses Thema abgehakt und können die Zeit für schöne Dinge nutzen.

103 Ein Badezimmer für alle

Mit Carsten (14) und Timo (12) haben wir im Familienrat eine 6-Schritte-Routine fürs Bad beschlossen: Wer als letzter das Badezimmer benutzt, macht

1. die Heizung aus
2. kippt die Fenster
3. stellt die Jalousie auf Durchsicht
4. wischt die Waschbecken aus
5. trocknet bei Bedarf die Dusche/Badewanne und
6. ‚entsorgt' herumliegende Waschlappen/Handtücher/Schlafanzüge ordnungsgemäß.

Natürlich stieß das Trockenwischen auf Unverständnis und Widerstand. Ich habe gesagt, wie viel Verständnis ich für die Sicht der Jungen habe und als Mädchen in meinem Elternhaus ebenso wie sie empfunden habe. Dann erklären wir Eltern aber, wie ungesund und schimmelpilzfördernd Staunässe ist, dass es also auch um Gesundheit und Substanzerhalt des schönen Bades geht. Carsten verlangt ein Erinnerungsschild mit allen Schritten im Bad, was ich als Sprechblase an der Tür anbringe.

Die Zeit des Ausprobierens war noch kurz, zumal die Regel vor allem nur am Wochenende und in den Ferien greifen kann, weil ich während der Schulzeit sowieso immer die Letzte bin.

Erste Ansätze am Wochenende waren gut. Ausnahmsweise war ich doch die letzte und durfte mich in einem frisch gelüfteten, kalten Bad tummeln!

Ich spüre die Entlastung, das bisher für mich ärgerliche Thema ‚bezwungen', d.h. in eine feste Abmachung umgewandelt zu haben. Das nimmt mir die Anspannung. Sollte es nicht funktionieren, können wir ja darüber reden. Ich meckere also zwischendurch nicht mehr herum und verbreite keine schlechte Laune.

Solche vertragsartigen Vereinbarungen sind wirklich etwas, woran sich die Jungen halten.

Zumuten heißt zutrauen

„Normalerweise (übernehmen) der Vater und
die Kinder nicht allzu viel Verantwortung (...),
weil die Mutter so tüchtig ist,
dass sie sich um alles kümmert.
Schon sehr junge Kinder übernehmen Verantwortung,
wenn die Erwachsenen sie ihnen nur übertragen."
(Dreikurs)

Wir sollten nichts für Kinder tun, was die Kinder für sich selber tun können. Das ist oft für Eltern sehr schwer, denn Eltern haben es eilig. Schuhe binden, Reißverschlüsse schließen, die Spülmaschine einräumen und vieles mehr geht schneller, wenn sie es selber tun.

Aber: Auf solche Weise verwöhnte Kinder werden entmutigt. Wir signalisieren ihnen, dass wir ihnen nicht zutrauen, Dinge selber zu tun oder uns im Rahmen ihrer jetzigen Möglichkeiten zu helfen. Die Kinder empfinden uns als die Starken, Kompetenten, und glauben, dass sie unsere Geschicklichkeit und Fähigkeiten nie erreichen werden. So werden sie unselbstständig.

Kinder können in kleinen Schritten lernen, die Verantwortung für sich und ihre Belange selber zu übernehmen, selber an ihre Sachen zu denken und ihre Probleme ihren Kräften entsprechend selber zu lösen. Es ist besser, wir helfen ihnen, eigene Lösungen zu finden, als dass wir Lösungen für sie finden.

Kinder sollen auch, genau wie beide Eltern, zu den Familienaufgaben beitragen. Sie leben in der Familiengemeinschaft und sind mitverantwortlich für das Familienklima und die Familienarbeit. Kleine Kinder helfen mit Begeisterung. Erst die größeren haben gelernt, dass sie uns mehr helfen, wenn sie spielen gehen, während die Eltern schnell die Arbeit selber erledigen. Aber nachdem sie das gelernt haben, werden sie ihre Hilfe nicht mehr anbieten! Also lassen wir sie früh mitmachen, auch bei ‚schönen' Dingen (nicht nur beim Müll raus tragen). Viel Anerkennung gehört dazu!

Die Übungsaufgabe heißt hier:
Verantwortung abgeben

104 „Alleine“

Unsere Tochter Emmy (2$^{1}/_{2}$) läuft jetzt recht sicher und gut auch ohne meine Hand. Da wir zu unserem Auto in der Garage einen Fußweg hinunterlaufen müssen, nehme ich sie da aber öfters noch an die Hand.

Wir kommen von Einkauf und ‚Musikgarten‘ heim und parken das Auto in der Garage. Der gutgelaunt singenden Emmy helfe ich aus dem Autositz und hebe sie hoch, weil sie den Schalter des elektrischen Garagentores drücken möchte. Meine Hand lehnt sie ab und möchte sich noch umschauen. Ich trage zwei Einkaufstaschen und möchte diese bald abstellen. So denke ich, dass sie gut allein zum Haus laufen kann – die etwas reger befahrene Straße ist 50 Meter den Berg runter. Ich lächle sie an und erkläre ihr, dass ich jetzt zum Haus gehe, um unsere Einkäufe abzustellen und sie sicher alleine gehen kann. Sie schaut mich groß an und ruft mir nach, als ich um die Ecke in den Fußweg abbiege. Mein Herz klopft und ich überlege mir, wie schnell sie wohl unten an der Straße sein könnte. So werfe ich einen freundlichen Blick zurück und sehe, wie sie mir die ersten Meter bereits nachgelaufen ist. Also gehe ich weiter und stelle den Einkauf im Haus ab. Wie ich zur Haustüre rausschaue, strahlt sie mich von unserem Briefkasten aus an und sagt laut „alleine“.

Ich drücke sie im Flur an mich und sage ihr, dass ich es wunderbar finde, dass sie so selbstständig ist. So vergeht unser Vormittag sehr fröhlich und ich kann ihr und ihren Beinen nun viel mehr zutrauen.

105 Nachtisch allein gemacht

Jonathan (fast 7) liebt es, mir beim Kochen zu helfen. Er ist überzeugt, dass er einmal ein guter Koch werden wird. Er darf Dinge klein schneiden oder mit meiner Hilfe würzen und kosten, ob es schon gut schmeckt.

Die ersten Erdbeeren im Jahr schmecken bekanntlich am besten, so beschließen wir, am Samstag beim Einkaufen welche für den Nachtisch zu kaufen.

Es ist Sonntag, wir haben eine anstrengende Radtour hinter uns. Ich bin ziemlich müde, muss aber jetzt noch kochen. Jonathan will mir helfen. „Ja, Jonathan, das finde ich prima, dass du mir helfen willst. Ich freu' mich. Was möchtest du denn machen? Willst du die Zwiebeln schneiden oder schon den Nachtisch machen, Erdbeeren putzen und schneiden?" Er will natürlich den Nachtisch machen. Ich stelle ihm die gewaschenen Erdbeeren hin und er legt los. Das macht er wirklich gut. Mit dem Messer schneidet er das Grüne ab und ohne Brett viertelt er die Erdbeeren. Ich sage ihm, dass ich begeistert bin, wie gut er das kann. Nachdem er die Erdbeeren fertig geschnitten hat, stelle ich ihm die Gewürze hin, Essig, Vanille und Zucker. Ich denke zuerst, ich müsse ihm wieder helfen, doch ich halte mich zurück und lasse ihn allein arbeiten. Er macht es wirklich sehr vorsichtig. Am Schluss gibt er noch den Quark dazu, rührt um und probiert. Er verdreht die Augen und sagt: „Mh, das ist wirklich lecker." Ich probiere auch gleich und sage: „Wow, Jonathan, das schmeckt hervorragend." Jonathan strahlt, er ist sichtlich stolz, zum ersten Mal etwas ganz alleine zubereitet zu haben. Am Tisch erzähle ich den anderen, dass Jonathan den Nachtisch alleine gemacht hat, da sagt Tommy (4): „Johannes, das hast du wirklich lecker gemacht.

„Danke Tommy", sagt Jonathan.

Es ist mir schwer gefallen, die Verantwortung komplett abzugeben, und ihm auch das Würzen zu überlassen. Jetzt bin ich auf uns beide stolz.

106 Das leidige Thema Hausaufgaben

Mein Sohn Konrad (12) ist, was die Schule betrifft, ein Minimalist. Er tut meiner Meinung nach weniger als er sollte und seine Noten könnten besser sein. Dabei erwarte ich keine Spitzenleistungen und bin mit einem guten Durchschnitt zufrieden.

Meine Erwartungen bringen mich immer wieder dazu, hinter Konrad her zu sein mit Reden wie: „Hast du noch etwas zu lernen? Sind alle Aufgaben erledigt?“

Konrad kennt meine Sätze schon in- und auswendig. Nun übe ich, die Verantwortung bei ihm zu lassen. Ich halte ihn für klug und reif genug, für seine schulischen Leistungen Verantwortung zu übernehmen.

Konrad hat eine strenge Woche vor sich und es stehen einige schriftliche Arbeiten an. Wie vereinbart, biete ich ihm meine Hilfe an, wenn er Unterstützung beim Lernen braucht und so sitzen wir zusammen und üben Mathematik.

Nach einer Viertelstunde sagt er zu mir: „Mama, ich kann schon alles.“

Meinen Impuls „Willst du dir nicht noch dies und das anschauen“ halte ich zurück.

Nein, ich lasse die Verantwortung bei ihm. Ich halte meinen Mund, weise ihn auch nicht auf andere Fächer hin, sondern sage nur: „Okay, ich habe gesehen, du hast diese Themen wirklich verstanden.“

Konrad packt seine Sachen zusammen und verbringt seine Pause mit Computerspielen. Nach einiger Zeit kommt er nochmals zu mir mit der Frage: „Kannst du mich in Englisch noch einmal kurz abhören?“

Ich kann Konrad die Verantwortung beruhigt überlassen. Er regelt seine Sachen selber. Er macht seine Arbeit mit Ruhe und ist höflich zu mir.

Ich bin beruhigt; das Lernen ist heute reibungslos verlaufen. Den üblichen Stress und die unfreundlichen Worte haben wir uns diesmal erspart. Ich merke, wie der restliche Tag noch ruhig und entspannt verläuft.

107 Kein Weckdienst mehr

Simone (14) geht viel zu spät ins Bett, ist am Morgen unausgeschlafen, schlechter Laune, hat keine Zeit zu frühstücken und kommt mittags frustriert aus der Schule. Mein Reden nützt so viel wie Fliegen verscheuchen, und doch tue ich es immer wieder. Warum bloß?

Ich überlege mir, dass sie erst früher ins Bett gehen wird, wenn sie die Folgen ihres Schlafmankos spürt. Deshalb sage ich ihr eines Abends ruhig, dass ich sie nicht mehr wecken werde, auch wenn sie verschläft. Wecken, das hat sie früher nie gebraucht, seit Jahren steht sie selber auf. Ich will zurück zum alten Muster. Simone ist einverstanden. Schnippisch erklärt sie mir, dass sie es sowieso nicht mag, wenn ich sie wecke.

Am nächsten Morgen regt sich nichts. Auch wenn ihr Schulweg sehr kurz ist, sollte sie nun auf sein. Ich widerstehe der Versuchung, an ihre Tür zu klopfen, oder besonders laut vor ihrem Zimmer Wäsche wegzuräumen. Kurz vor acht poltert sie die Treppe hinunter, ich höre die Haustür schlagen, und weg ist sie.

Seither brauche ich sie nicht mehr zu wecken. Sie geht zwar nicht wesentlich früher ins Bett, aber sie scheint sich zu bemühen. Und: Sie hat mich um ein Frühstück gebeten! Eine Tasse Kakao und einen halben Toast; sie meint, sie wäre in der Schule weniger müde, wenn sie frühstückt!

108 Arbeit im Familienteam

Mein ältester Sohn Jochen (16) liegt in der Klinik. Es geht ihm nicht sehr gut. Ich will ihn so oft wie möglich besuchen, trotzdem muss alles andere zu Hause und auf der Arbeit auch erledigt werden. Also spreche ich jeweils am Abend mit meinen anderen drei Kindern darüber, wie wir den nächsten Tag gut über die Bühne bringen können. Zunächst geht es darum, wer mich in die Klinik begleiten möchte. Danach kommen die freiwilligen Meldungen für die Aufgaben, die ich in dieser Zeit nicht übernehmen kann. Konkret sieht das für den nächsten Tag so aus:

Paul (7) möchte mitfahren. Da ich am Vormittag arbeite, hole ich ihn von der Schule ab und wir fahren gemeinsam zur Klinik. Albrecht (14) kommt gegen halb zwei aus der Schule und erklärt sich bereit, dann für alle Tortellini mit Tomatensauce zuzubereiten. Außerdem will er dafür sorgen, dass Jochens Ratten gefüttert werden und seine Blumen Wasser bekommen. Thomas (12) kommt erst gegen drei aus der Schule. Er holt dann Holz für den großen Ofen und den Küchenherd und macht beide Öfen an. Ich werde gegen vier mit Paul wieder zu Hause sein. Unterwegs erledigen wir die Einkäufe. Wir können dann gleich die noch übrigen Tortellini essen. Danach macht Paul seine Hausaufgaben. Ich bleibe in der Nähe, kontrolliere, dass er sein Zeitlimit bei den Hausaufgaben einhält, und lege dabei die saubere Wäsche zusammen. So geht auch dieser Tag vorbei, ohne dass sich eine Riesenhektik entwickelt oder ich das schlechte Gefühl habe, mit allen notwendigen Tätigkeiten um Stunden hinten drein zu sein. Paul holt später noch die Getränke für den nächsten Tag aus dem Stall und Thomas deckt schon mal den Frühstückstisch. Als ich schon ziemlich früh auf der Couch einnicke, weckt Albrecht mich, weil er will, dass wir den Plan für den nächsten Tag zusammenstellen, bevor Paul ins Bett geht. Es ist im Moment zwar ziemlich viel Verantwortung, die ich abgebe, aber alle ziehen mit – und zwar freiwillig und mit viel Eifer – und ich wüsste auch nicht, wie ich alles hinkriegen sollte, wenn dies nicht so wäre!

Erfahrung ist der beste Lehrmeister

Was passiert, wenn wir ohne Regenschirm losgehen?
Wenn wir den Kuchen im Ofen vergessen?
Wenn wir an einer roten Ampel nicht halten?
Wenn Vater verschläft?
Wenn ein Schulkind verschläft?

Das Schulkind kommt zu spät zur Schule. Ein Schulkind, das den Turnbeutel vergisst, muss in der normalen Kleidung turnen oder – je nach Lehrkraft – eine Schreibarbeit machen. Das Kind, das sein Pausenbrot vergisst, hat Hunger oder erhält nur einen Bissen vom Freund.

Natürliche Folgen treten einfach ein:
wenn – ein großes Wenn! – die Eltern es zulassen.

Viele Eltern erlauben es ihren Kindern nicht, die Folgen ihres Verhaltens zu erfahren. Sie wecken das Kind mehrmals, treiben es an, warnen „Du kommst zu spät" und holen dann das Auto aus der Garage, um den Langschläfer in die Schule zu fahren.

Dieser Langschläfer lernt, dass er sich nicht zu bemühen braucht, denn die Eltern nehmen ihm seine Verantwortung ab. Durch seine Weigerung, selber aufzustehen, erhält er zwar sehr viel Aufmerksamkeit (vielleicht liegt er auch mit seinen Eltern im Machtkampf), trotzdem ist er entmutigt. Die Eltern trauen ihm nicht zu, es selber zu schaffen, rechzeitig zur Schule zu kommen.

Das Kind, dem die Mutter den Turnbeutel hinterher trägt, findet das sicher bequem. Aber es lernt nicht, selber für sich zu sorgen. Es wird die Überzeugung entwickeln, dass es hilflos und unfähig ist und dass die anderen da sind, um es zu bedienen. So entwickelt es eine Anspruchshaltung, die mit einer tiefen Entmutigung einhergeht.

Deshalb: Erlauben wir den Kindern eigene Erfahrungen zu machen und daraus zu lernen!

Kinder lernen nur aus ihren Erfahrungen, wenn wir auf Bemerkungen wie „Siehst du, das hast du davon", „das habe ich dir doch gleich gesagt" oder ähnliches verzichten. Solche Kommentare verwandeln eine natürliche oder eine logische Folge in eine Strafe. Die Kinder, die sich ja schon über sich selber ärgern, fühlen sich bloßgestellt und werden wütend auf die Eltern oder Erzieher. Die Energie, die sie zum Lernen aus der Erfahrung nötig haben, verpufft in der Wut auf die Eltern.

Ein freundliches Lächeln, unter Umständen Trost und ein freundliches „Beim nächsten Mal schaffst du es besser" sind dagegen ermutigend und hilfreich. Und: Leiden ist nicht nötig. Auch gute Erfahrungen leiten Lernprozesse ein!

Die Übungsaufgabe heißt hier:
Natürliche Folgen eintreten lassen

109 Das versalzene Ei

Jeden Sonntag, wenn wir Frühstückseier essen, gibt es ein Gemecker, weil Silas (6) sich immer so viel Salz darauf streut.

Ich habe mich mit meinem Mann abgesprochen, dass wir nicht mehr so viel reden wollen, Silas soll seine Erfahrung selbst machen. So sitzen wir alle wie immer sonntags beim Frühstück. Silas hat sein Ei schon geöffnet und verlangt gleich das Salz. Wir geben es ihm und sagen nichts. Er hört fast nicht mehr auf, Salz auf das Ei zu streuen. Mein Mann und ich wechseln einen kurzen Blick, bleiben aber dabei zu schweigen. Silas nimmt genüsslich das Ei aus der Schale und führt es in den Mund. Was dann kommt, kann man sich ja denken. Er verzieht das Gesicht macht iiih und ähh schluckt es schnell hinunter. Ich sage nur: „Am Besten du trinkst noch etwas nach!" Damit war das Thema erledigt. Auf das restliche Ei hat er kein Salz mehr gestreut. Ich denke er hat daraus gelernt. Auch mein Mann und ich haben daraus gelernt, dass es wirklich besser ist, weniger zu reden; es ist viel entspannter. Am folgenden Sonntag geht Silas sehr behutsam mit dem Salz um.

110 Zieh dir eine Jacke an!

Morgens ist es jetzt im Mai noch ziemlich kalt und wir haben jedes Mal die Diskussion: Jacke oder nicht. Meistens überzeuge ich unseren Tim (fast 6) mit vielen Worten, dass es mit Jacke besser ist. Mich nervt es und ich habe keine Lust mehr darauf.

Heute gehe ich Brötchen holen und Tim möchte mit. Er kann gerne mitgehen. Ich ziehe meine Jacke an und er schaut zu. Ich verkneife mir diesmal zu fragen, ob er auch eine anziehen will. Es fällt mir nicht leicht, aber es geht.

Wir gehen zusammen aus dem Haus und nach einigen hundert Metern möchte Tim nach Hause zurückkehren. Er meint, es sei kalt und er wolle noch seine Jacke holen. Dafür haben wir aber keine

Zeit, weil mein Mann rechtzeitig zur Arbeit und Tim in den Kindergarten muss. Tim ist sauer und sagt, ich hätte ihm nicht gesagt, dass es so kalt ist und er eine Jacke braucht. Ich nicke und antworte, dass ich es bisher jeden Tag gesagt habe und auf die anschließenden Diskussionen keine Lust mehr habe. Er wisse jetzt am besten, ob es ihm warm genug oder kalt sei ohne Jacke.

Als er später mit seinem Papa in den Kindergarten fährt, zieht er von sich aus seine Jacke an.

Ich bin froh, dass ich die Entscheidung jetzt bei ihm lassen kann und es beim Abschied wesentlich ruhiger und entspannter für alle zugeht.

111 Haare kauen

Unsere Tochter Friederike (6) hat einen kinnlangen Bubikopf. Seit etwa drei Monaten zieht sie die vorderen Strähnen rechts und links neben dem Gesicht in den Mund und kaut und lutscht auf ihren Haarspitzen herum.

Es kam die Phase, wo ich wider besseres Wissen ermahnt und geschimpft habe. Ich merkte, dass Friederike nur ‚bockig‘ und trotzig wurde, sie konnte mir nicht erklären, warum sie nun dauernd auf ihren Haaren herumkaute, aber sie ließ nicht davon ab.

Die natürliche Folge, wenn man Haare lange genug im Mund lässt, ist, dass sie verkleben. Bei Friederike hatte ich den Eindruck, ihre Spucke enthält Kleber, so wirkten die Haare, wenn sie getrocknet waren. Friederike beschwerte sich bei mir, dass Haare kämmen weh täte, sie kämmte nun öfter selbst, vermied aber, die Knoten herauszukämmen.

Bei jedem Kämmen erklärte ich ihr ruhig und freundlich, dass ich nichts daran ändern könne, dass es wehtäte. Irgendwann hörte ich ganz auf, Erklärungen abzugeben und kämmte einfach, trotz ihrer Proteste. Und irgendwann im Lauf des Januars merkte ich, dass sie mit dem Kauen aufgehört hatte. Vor ein paar Tagen erklärte sie mir lapidar und ohne Emotionen: „Mama, ich lutsche nicht mehr auf meinen Haaren.“ Ich antwortete ihr: „Schön, dann ist das Kämmen ja wieder leichter.“

Durch die fortdauernde Erfahrung der natürlichen Folgen kam Friederike wohl selbst die Einsicht, dass es besser wäre, mit dem Kauen aufzuhören. Und dadurch, dass ich mit Schimpfen aufgehört hatte, war der Weg frei für sie, den Zeitpunkt des Aufhörens auch selbst zu wählen.

Das Ergebnis für mich ist, dass ich weiß, ich habe ein verständiges Kind, mit einem freien Willen und ich habe akzeptiert, dass es nicht sofort im gleichen Moment seine Einsichten haben muss wie ich.

112 Reingefallen

Heute wollen wir auf den Fernsehturm. Meine Enkel Peter (8) und Beate (4) und ich sind schon auf dem Platz davor. Der Platz ist schön gestaltet mit einer treppenförmigen Springbrunnenanlage. Breite Steinstreifen trennen die einzelnen Stufen und Becken.

Peter ist ein Bewegungstyp. Er turnt natürlich gleich auf den Streifen herum, flink wie ein Wiesel. Ich rufe ihn, aber er hört nicht und turnt weiter. Mache ich jetzt einen Aufstand oder lasse ich ihn gewähren? Ich entscheide mich fürs Gewähren lassen.

Die Becken sind nicht tief, es kann nicht viel passieren, falls er ins Wasser fällt.

Der Turm lockt, er hat genug und hüpft die glitschigen Stufen herunter, um wieder bei uns zu sein. Und da passiert es: Er rutscht aus und liegt im Becken. Wie ein begossener Pudel steigt er heraus und ist total knatschig und sauer. „Ich möchte zu meiner Mama“, greint er. Das geht aber nicht. Den Turm können wir auch abhaken.

Also ab mit der S-Bahn in seinen nassen Klamotten. Zu uns nach Hause.

Ihm ist das sehr unangenehm und peinlich. Ich tröste ihn, dass das doch alles gar nicht so schlimm ist. Ein Kaufhaus ist in der Nähe. Ich könnte ihm ja neue Sachen kaufen. Das tue ich nicht. So erlebt er die natürliche Folge seines Reinfalls ‚hautnah.‘

113 Zu lange Schnürsenkel

Uli (7) hat neue Schuhe, leider mit riesig langen Schnürsenkeln. Die Dinger gehen permanent auf. Ich schlage Uli vor, neue und kürzere zu kaufen. Aber das will er nicht. Er will diese langen Dinger behalten.

Es dauert nicht lange – mein Sohn spielt draußen – da kommt er schreiend nach Hause gelaufen mit aufgeschlagenen Knien. Ich hole schon tief Luft, um ihm zu sagen, dass ich das alles vorausgesehen habe, aber ich schlucke es herunter.

Ich klebe Pflaster auf seine Knie ohne weiteren Kommentar und wünsche ihm weiter viel Spaß beim Spielen.

Uli rührt sich nicht von der Stelle. Ich frage ihn, ob noch irgendetwas ist. Er druckst etwas herum und fragt mich, ob ich denn weiß, warum er hingefallen ist. „Nein!“ Er schaut mich von unten nach oben an und sagt mit sehr piepsiger Stimme: „Ich bin über meine Schnürsenkel gestolpert.“

Ich sage weiter nichts dazu. Er fragt mich, ob wir zusammen ein Paar kürzere kaufen können, aber in der absolut gleichen Farbe. Ich lache, nehme ihn in die Arme und sage ihm, dass ich mal schaue, was ich für ihn tun kann.

114 Die vergessenen Schuhe

Lukas (9) und Martina (9) spielen im Garten. Als sie abends hereinkommen, lassen beide ihre Schuhe vor der Balkontür stehen. Als ich es bemerke, widerstehe ich dem Drang, die Schuhe eben hereinzuholen, und lasse sie stehen.

Am nächsten Morgen, als es Zeit ist für die Schule, suchen die beiden ihre Schuhe. Es dauert einen Moment, ehe sie sie finden. Die Schuhe sind kalt und feucht. So können sie sie nicht anziehen. Lukas und Martina versuchen zunächst, mir die Schuld ‚in die Schuhe zu schieben‘. Ich sage nichts und beobachte. Sie merken offenbar selber, dass es ihr Problem ist und nicht meines, denn sie beginnen nach Lösungen zu suchen. Es ist Zeit, aus dem Haus zu gehen. Nach einigem Überlegen entscheidet Martina sich, ihre

Winterstiefel anzuziehen und Lukas seine Wanderschuhe. Sie gehen fröhlich von der Begebenheit erzählend mit ihrem Freund, Nils, der mit uns im Haus wohnt, in die Schule.

Mir zeigt die Situation, dass je mehr Verantwortung ich abgebe und je mehr ich den beiden zutraue, desto mehr Möglichkeiten haben sie, kreative Lösungen zu finden. Mir wird deutlich, dass ich meine Energien anderweitig einsetzen kann. Ich bin nicht für alles zuständig. Daraus ergeben sich neue Chancen für die Kinder und für mich.

Handeln statt schimpfen

„Kinder lernen aus dem Druck der Wirklichkeit und der Lage viel mehr als aus irgendeiner Form verbaler Belehrung. Logische Folgen sind eine Methode des Handelns, nicht des Redens."
(Dreikurs)

Im Idealfall erfährt ein Kind die Folgen seines Tuns durch ‚natürliche Folgen'. Manchmal treten keine ein, oder so spät, dass wir nicht darauf warten können – wie Karies, wenn die Zähne nicht geputzt werden, oder das schleichende Abfallen in der Schule, wenn das Kind die Hausaufgaben nicht macht. Oder sie sind zu gefährlich: Wir können ein Kind nicht vor ein Auto laufen lassen, um ihm zu zeigen, dass es klüger ist, am Straßenrand stehen zu bleiben.

In solchen Fällen helfen logische Folgen, manchmal auch Konsequenzen genannt.

Das Ziel ist, die Kinder Erfahrungen machen zu lassen, aus denen sie das nützliche Verhalten – für sich selbst und die Gemeinschaft um sie herum – lernen können. Das erfordert Takt und Fingerspitzengefühl.

Stellen Sie sich vor, Sie sind geblitzt worden, weil Sie eine rote Ampel überfahren haben. Sie kennen die Verkehrsregel, Sie waren in Gedanken, Sie akzeptieren das Bußgeld und ärgern sich über sich selbst. Wie würden Sie sich fühlen, wenn ein Verkehrspolizist

Ihnen eine Strafpredigt hielte? Und womöglich noch sagte, zur Strafe dürfen Sie nun eine Woche nicht fernsehen? So fühlen sich Kinder, wenn wir schimpfen, ihnen sagen ‚du bist selber schuld, hättest du besser aufgepasst!' oder die wir bestrafen. Sie fühlen sich erniedrigt und gekränkt. Möglicherweise werden sie mit uns in einen Machtkampf treten oder sich rächen.

> Eine **Strafe** ist Ausdruck von Willkür, nicht von Gleichwertigkeit
> (ich bestimme, was du zu tun hast).
>
> Eine **logische Folge** drückt die Forderung der Situation aus (zum Lernen gehören Hausaufgaben, damit du selber überprüfen kannst, ob du die Aufgabe verstanden hast).
>
> **Oft liegt der Unterschied zwischen Strafe und Folge einzig in unserer Stimme und Wortwahl!**

Um logische Folgen einzusetzen, müssen wir **beobachten, überlegen, freundlich sprechen und konsequent handeln**.

Beobachten:
Um was geht es beim Verhalten des Kindes?
Eine Notlösung?
Eine schlechte Gewohnheit?
Eine Überforderung?

Überlegen:
Was soll das Kind lernen?
Was ist in so einem Fall logisch?
Wie verhalten wir Eltern uns, damit das Kind aus der eigenen Erfahrung lernen kann?

Wir handeln also nicht impulsiv!
Logische Folgen erfüllen vier Bedingungen:
sie sind **logisch verknüpft** mit dem, was das Kind getan hat

sie sind **angemessen**
sie sind **respektvoll**
Bei wiederholtem Fehlverhalten besprechen wir sie mit dem Kind. Das Kind hat **verstanden**, was wir tun werden und **akzeptiert** das (Maulen und Grummeln gehören dazu).

Logisch verknüpft:
Das Kind hat einen Becher umgestoßen. Die Folge könnte sein:
Dass das Kind die Milch oder den Saft aufwischt.
Dass das Kind bei dieser Mahlzeit Wasser trinkt.
Dass (nur!) beim nächsten Mal der Becher halb voll eingeschenkt wird.
Dass wir dem Kind zeigen, wie man den Becher so hinstellt, dass er nicht umgestoßen werden kann.
Kein Nachtisch, kein Fernsehen, keine Gute-Nacht-Geschichte: All das hat mit dem vergossenen Becher nichts zu tun!

Angemessen:
Dass das Kind die Milch selber aufwischt, ist angemessen. Es den ganzen Küchenfußboden wischen zu lassen, ist übertrieben, also eine Strafe. Bei dieser Mahlzeit Wasser zu trinken ist angemessen. Eine Woche lang keine Milch oder keinen Saft mehr zu erhalten, ist übertrieben.

Respektvoll:
Wir zeigen dem Kind, wie es aufwischen kann. Beim zweiten Mal weisen wir freundlich und fest auf den Lappen hin, wenn das Kind ihn nicht schon selber holt. Wir wischen auch nicht hinterher, denn damit zeigen wir dem Kind, dass wir es für unfähig halten. Wenn der Becher **jeden** Tag umkippt, sind wahrscheinlich die Notlösungen Aufmerksamkeit oder Machtkampf im Spiel.

Wir schimpfen nicht! Wir halten keine Strafpredigt! Damit gäben wir einem Missgeschick viel zu viel Gewicht. Würden wir mit unseren Freunden auch so umgehen?

Besprochen und verstanden:

Wir erklären dem Kind, wie es sein Missgeschick selber wieder in Ordnung bringen kann, und überlassen ihm dann die Verantwortung.

Logische Folgen verlangen Kreativität, Selbstbeherrschung und Festigkeit von den Eltern. Die Kinder werden austesten, ob wir unsere neuen Verhaltensweisen wirklich konsequent beibehalten. Deshalb sollten wir vorher überlegen und freundlich und fest bleiben.

In diesem Zusammenhang steht der **Automateneffekt**:
Kinder sind gewöhnt, dass wir auf ihr Verhalten **automatisch** reagieren. Wir sind sozusagen ‚zuverlässig' vorhersehbar. Wir ermahnen, schimpfen, ärgern uns, sagen nein und geben dann doch nach. Das kennt das Kind. Nun plötzlich reagieren wir anders. Das Kind wird testen, ob wir nur heute anders reagieren, oder ob wir wirklich unser Verhalten geändert haben. Deshalb ist unsere Konsequenz so wichtig.

Das Kind, das an der Supermarktkasse um ein Eis quengelt und weiß, dass die Mutter nachgibt, weil ihr das Geschrei peinlich ist, erfährt plötzlich, dass seine Mutter fest bleibt. Aber morgen gibt sie vielleicht wieder nach? Am nächsten Tag schreit das Kind also wieder. Am übernächsten Tag erhält es das Eis. Es muss jetzt täglich ausprobieren, ob heute Schreitag oder Eistag ist. Wir erziehen das Kind zum Quengeln und dazu auszutesten, ob es stärker ist als sein Gegenüber. Später, in der Schule, wird es seine Lehrer austesten, ob es heute Schularbeiten machen muss, oder ob die Lehrerin heute nachgibt, zu seinem eigenen Schaden.

Wenn wir logische Folgen anwenden, müssen wir unbedingt konsequent bleiben. Leere Drohungen zeigen den Kindern, dass wir unzuverlässig und manipulierbar sind. Ein fester Rahmen gibt Sicherheit. Das Kind weiß, woran es ist.

Die Übungsaufgabe heißt hier:
Logische Folgen eintreten lassen

115 Einer ärgert die anderen

Wir sind zum Geburtstag meiner Schwiegermutter eingeladen, die eine Etage tiefer wohnt. Die Geburtstagsfeier beginnt um sieben. Noah (3) und Johannes (6), die Cousins von Lennart (3), sind mit ihrem Vater schon zu uns gekommen, damit wir später gemeinsam hingehen können. Jetzt ist es Zeit für das allabendliche Kinder-Fernseh-Programm. Erst sitzen alle Kinder ruhig und schauen, dann beginnt Lennart zu hampeln, zu springen und die anderen beiden zu ärgern.

Ich frage ihn: „Möchtest du noch fernsehen?“ Er antwortet mit „ja“, springt und tobt aber weiter. Ich sage freundlich aber fest zu ihm: „Du weißt, wenn du dich nicht ruhig hinsetzt, dann kannst du leider kein Fernsehen mehr schauen.“ „Ich möchte aber fernsehen“, sagt Lennart mit einem frechen Grinsen im Gesicht und springt über die andern beiden.

Wir haben noch einen Fernseher in unserem Schlafzimmer, ganz selten dürfen die Kinder dort schauen, also ist es etwas Besonderes. Ich frage Johannes und Noah, ob sie im Schlafzimmer weiter schauen möchten. Natürlich wollen sie. Im Wohnzimmer mache ich den Fernseher aus. Lennart möchte auch mit. Ich halte ihn am Arm fest und sage zu ihm: „Es tut mir Leid, du kannst nicht mitgehen, du willst ja kein Fernsehen mehr schauen.“ Lennart stampft mit den Füßen auf, weint und ist sehr wütend. Ich setze mich auf den Boden und biete ihm an, mit ihm zu spielen.

Es dauert eine Weile, bis er sich beruhigt hat; er merkt, dass es nichts nützt wütend zu sein, meine Haltung bleibt fest. Er setzt sich zu mir und spielt mit Lego. Nach einer Viertelstunde frage ich ihn, ob er noch den Sandmann schauen möchte. Seine Augen strahlen vor Freude. Er rennt direkt los ins Schlafzimmer, setzt sich neben die anderen. Als ich nachschaue, sitzt Lennart ruhig und kerzengerade da und schaut mich mit einem Lächeln an. Ich finde es immer wieder erstaunlich, wie gut es funktioniert, wenn man ruhig bleibt, und eine klare und feste Haltung hat. Das gelingt mir auch sehr gut, wenn ich mich gut fühle.

116 Augen größer als der Magen

Tatjana (4) macht sich beim Frühstück immer eine riesige Portion Cornflakes zurecht und schafft es dann nicht, diese aufzuessen. Einige Male schon habe ich die ausgegossenen Reste in der Spüle gefunden.

Ich rede mit Tatjana, mache ihr anschaulich, dass es zu schade ist, diese Lebensmittel wegzuschütten (das kostet Geld, wenn wir das verschwenden, haben wir weniger, um Stifte, Spiele usw. zu kaufen).

Ich mache ihr den Vorschlag, beim nächsten Mal entweder weniger zu nehmen oder die Reste aufzuessen, wenn sie wieder Hunger hat. Sie geht darauf ein und nickt.

Einige Tage später dieselbe Situation. Ich komme dazu, als Tatjana ihr Schälchen in die Spüle entleeren will und meine: „Okay Tatjana, du hast sicher nicht mehr daran gedacht, dir heute weniger zu nehmen, und ich sehe, dass du nun keinen Hunger mehr hast. Nun, dann stell dein Schälchen hier auf den Kühlschrank und wenn du nachher Hunger hast, kannst du es aufessen."

Sie stellt das Schälchen weg und zeigt sich erleichtert über diese Lösung.

Gegen Mittag will sie einen Apfel haben und ich erinnere sie an die Cornflakes auf dem Kühlschrank.

Sie nimmt sie ohne zu knurren und macht auch nicht den Eindruck, dass dies nun eine Strafe sei – so soll es sein!

117 Wer mit Essen spielt, ist satt

Es ist Dienstagabend, mein Mann ist beim Sport und ich esse mit beiden Kindern das Abendbrot. Sie wünschten sich einen Grießbrei, den sie mit Genuss anfangen zu essen. Auch die kleine Henrike ($1^1/_2$) hält selbst ihren Löffel und trifft auch meist ihren Mund. Ich höre oben das Programm-Ende der Waschmaschine. Den Kindern erkläre ich freundlich und bestimmt, dass ich kurz nach oben gehe, um die Wäsche zu wechseln, damit sie nachher ohne das Brummen des Wäschetrockners schlafen können. Während ich die beiden nacheinander anschaue, bitte ich sie, ordentlich weiter zu essen.

Nach ein paar Minuten höre ich auf dem Weg nach unten die Kinder lachen und Michi (4) von „Quatsch“ reden. Im Flur atme ich tief aus und betrete mit einem freundlichen Gesicht die Essküche. Beide Kinder haben in meiner kurzen Abwesenheit ihr Mineralwasser aus dem Becher in den Brei gegossen und rühren nun kräftig darin herum, so dass auch der Tisch verspritzt ist. Zu den Kindern gewandt sage ich „Oh, ich sehe, ihr seid fertig mit essen; dann können wir ja abräumen“. Beide schauen mich erstaunt an, und ich trage ruhig ihre Teller zur Spüle. Michi sitzt ganz ruhig da und beobachtet mich, wie ich den Tisch abwische und hilft mir dann noch, die Becher abzuräumen. Ohne jeden Protest ziehen sich die Kinder mit meiner Hilfe ihre Schlafanzüge an. Wir spielen noch ein paar Minuten gemeinsam in entspannter Atmosphäre.

Michi und Henrike haben am nächsten Morgen mit viel Appetit gefrühstückt und seither kein Trinken mehr ins Essen gerührt.

118 Ohne Zähneputzen keine Süßigkeiten

Wir sind zu Besuch bei Freunden. Es sind noch andere Kinder da. Auf dem Tisch stehen Süßigkeiten, von denen sich alle Kinder bedienen. Alle, außer Kevin (4).

Vorausging, dass Kevin sich am Morgen geweigert hatte, die Zähne zu putzen. Dabei stieg ich in den Machtkampf nicht ein, sondern erklärte ihm, dass ich, weil ich ihn ja lieb habe und somit nicht will, dass er faule Zähne und dann Zahnweh bekommt, ihm nicht erlauben kann, am heutigen Tage Süßigkeiten zu essen. Ohne Zähneputzen keine Süßigkeiten, das war logisch für ihn und das war ihm die Sache heute Morgen wert. Und so entschied er sich für nicht geputzte Zähne und somit nichts Süßes.

Als jetzt wirklich die allerfeinsten Naschereien auf dem Tisch stehen, ist er traurig. Er fragt und bittet mich leise, die Abmachung von heute morgen aufzuheben und verspricht, ab morgen immer richtig die Zähne zu putzen. Es bricht mir fast das Herz, als er nun mit Tränen in den Augen vor mir steht. Es fällt mir schwer, nicht nachzugeben, sondern ihn die Folgen seiner Entscheidung erfahren zu lassen. Gut, dass ich weiß, dass er nur so etwas daraus lernen kann! So fällt es mir etwas leichter, standfest zu bleiben. Ich sage ihm, dass ich es gut verstehen kann, dass er jetzt traurig ist und mir das auch leid tut, dass er jetzt nichts von den Süßigkeiten abhaben kann, aber dass er sich genau dafür heute Morgen entschieden hat. Er erinnert sich daran und ist einsichtig und hält sich danach den ganzen Nachmittag ohne weiteres Murren an die Abmachung. Ich bin erstaunt und bewundere ihn sehr für sein Durchhaltevermögen. Auf dem Heimweg sagt Kevin mir dann sinngemäß, dass ihm dies eine Lehre gewesen sei und er ab morgen immer die Zähne putzen wird, weil man ja auch schließlich nie so genau weiß, was der Tag so alles bringt! Es geht uns beiden jetzt gut und ich bin froh, dass ich ihn heute diese Erfahrung habe machen lassen.

119 Kinderstreit für Mamas Ohren

Seit Jahren spiele ich mit Begeisterung Querflöte in einem Laienorchester. Speziell in den Wochen vor dem Konzert übe ich intensiv und fast jeden Tag. Für unser nächstes Konzert spiele ich viele Musical-Auszüge aus ‚Cats' und dem ‚Phantom der Oper', die meine Kinder von Kassette oder CD kennen. Sie sind begeistert von der Musik und tanzen dazu oder holen ihre Rhythmusinstrumente zum Mitspielen.

Ich beginne am Nachmittag zu üben und nehme mir einige schwierige Passagen vor. Jurit (4) und Sonja (2) kommen beim Töne-Aushalten auch ins Wohnzimmer und bringen ihr Spielzeug mit. Nach ungefähr fünf Minuten fangen sie an zu streiten.

Ich kündige ihnen mit freundlicher, ruhiger Stimme an, dass ich noch zu üben habe und sie bei der nächsten lauten Störung das

Zimmer verlassen müssen. Dann wende ich mich meinen Noten zu und freue mich, dass sie sich so schnell wieder ihrem Spielzeug zugewandt haben.

Nach ein paar Minuten bricht wieder ein Streit aus. Ich sehe, dass die Kleine Jurit stößt und dieser ihr ein Bilderbuch auf den Kopf haut. Beide Kinder weinen und sind wütend. Wortlos und ruhig lege ich meine Flöte weg, trage als erste Sonja ins Spielzimmer nebenan und dann Jurit. Beide schreien lauthals. Ich erkläre ihnen, dass sie mir willkommen sind, wenn sie ruhig sind, da ich sonst nicht üben könne. Hinter mir schließe ich behutsam die Tür und flöte weiter. Nach 30 Sekunden hört das Geschrei nebenan auf und ich kann mich noch besser auf meine Stücke konzentrieren. Ich genieße die Ruhe und komme gut voran. Nach 15 Minuten schiele ich durch einen Türspalt ins Spielzimmer und sehe, wie jedes Kind mit Bauklötzen bzw. Bilderbüchern hingebungsvoll und völlig vertieft spielt. Leise schließe ich die Türe und übe mit gutem Gefühl weiter in der Gewissheit, dass die Kinder vorhin meine Aufmerksamkeit durch ihr Störverhalten erzwingen wollten.

120 Kein Mineralwasser da

Aus Kostengründen und weil uns das Wasser gut schmeckt, holen wir unseren Sprudel direkt an der Quelle. Aus hygienischen Gründen müssen die Flaschen dafür vorher ausgespült werden.

Meistens müssen um die sieben Kisten gefüllt werden. Laut Beschluss des Familienrates führen meine Töchter Lilo (15), Katja (14) und Rosie (13) abwechselnd das Flaschenspülen durch.

Heute sind alle Kästen leer, allerdings fehlen auch 14 Flaschen. Beim Mittagessen sage ich den Kindern, dass wir erst Sprudel holen können, wenn alle Kästen mit Flaschen gefüllt und gespült sind. So lange gibt es Leitungswasser.

Die Mädchen wissen sofort, wo die fehlenden Flaschen geblieben sind und haben nun die Möglichkeit sie herunter zu bringen. Bei den Mahlzeiten machen sie lange Gesichter und werden beim Anblick des Wasserkrugs an die fehlenden Flaschen erinnert. Lilo,

Katja und Rosie regeln es unter sich. Ich halte mich raus. Nach fünf Tagen Leitungswasser trinken sind alle Flaschen zurück und ausgespült.

Ich merke bei mir, dass ich ruhig und gelassen bin. Wir haben klare Vereinbarungen getroffen, die nicht ständig wiederholt werden müssen. Außerdem stelle ich fest, dass unser Leitungswasser gar nicht so schlecht schmeckt! Allerdings habe ich trotzdem große Mühe, es dabei zu belassen, da ich Besuch bekommen habe und ich ihm nur Leitungswasser oder Saft anbieten kann. Aber ich bleibe fest.

Humor ist wenn man trotzdem lacht

Wenn die Fahrradkette vor Rost knirscht und ruckt, greifen wir zum Ölfläschchen. Wenn der Haustürschlüssel nur noch mit Gewalt zu drehen ist, sprühen wir Pflegespray ins Schloss. Und hier wie da: Nach ein paar Umdrehungen flutscht die Sache wieder. Nicht von Ungefähr hat das Wort Humor im Lateinischen noch eine andere Bedeutung, nämlich ‚Flüssigkeit'. Wo etwas fließt, ist keine Erstarrung.

Humor ist das Gleitfett sozialer Beziehungen. Statt Gewalt, Prinzipienreiterei und Geschrei bringt er uns viele Male weiter, wenn ‚es klemmt' – und pflegt gleichzeitig nachhaltig das Miteinander. Wenn wir Humor zulassen und auch mal über uns selbst lachen, lernen Kinder ganz viel über ‚geschmeidige' Problemlösung, d.h. auch: mit dem Mund statt mit den Fäusten. Das Gegeneinander wird wieder zum Miteinander.

Wichtig: Ironie und Sarkasmus haben nichts mit Humor zu tun! Mit Ironie verunsichern wir besonders kleine Kinder tief. Gleichzeitig stellen wir eine Distanz her, die uns voneinander entfernt. Sarkastische Bemerkungen stellen immer bloß und demütigen. Wir brauchen uns dann nicht zu wundern, wenn das Kind gekränkt ist und sich bei anderer Gelegenheit rächt.

Die Übungsaufgabe heißt hier:
Humor einsetzen

121 Zähne putzen

Abends mit Silvia (fast 6) die Zähne zu putzen, ist nervenaufreibend. Jedes mal das gleiche Theater. Mir graust schon vorher. Heute fällt mir ein, dass ich ‚Humor' einsetzen soll in Alltagssituationen. Als das Gehampel schon fast wieder losgeht, frage ich: „Na, gehen wir Pähne zutzen?" Silvia stutzt einen Augenblick, dann kapiert sie offensichtlich den Schüttelreim. Das Prinzip nimmt sie sofort gefangen. Beim Waschen schüttelt sie durch, was ihr nur so einfällt. Ich mache auch mit und wir kriegen immer mehr Spaß. Das Zähneputzen am Ende geht heute reibungslos, Silvia überlegt dabei schon wieder neue Schüttelreime. Wir gehen ganz friedlich aus dem Badezimmer. Erstaunlicherweise hat das Thema Zähneputzen seither viel von seinem Schrecken verloren, wir schütteln dabei unsere Sätze munter durch.

122 Klarinette üben

Patrick (12) und ich machen zusammen Musik, er spielt Klarinette, ich begleite ihn auf dem Klavier. Bei ihm ist es das übliche Sollen statt Wollen, und dann auch noch mit Mama zusammen. Da ihm alles relativ leicht fällt, ist Ausdauer sowieso nicht seine Sache. Klappt etwas nicht gleich, schimpft er gern los und schmeißt die Sache hin. So auch heute beim Musizieren. Seine Passagen sind nicht einfach, auch ich bin alles andere als sicher mit den Einsätzen. Ich bestehe ruhig aber entschieden auf mehrfachem Wiederholen und Probieren. Es geht um verpatzte Einsätze, also das jeweilige ‚Einsteigen'. Er steht mit seinem Instrument und seinem Notenständer etwas hinter mir, so dass ich ihn nicht im Auge habe. Plötzlich nur noch Fluchen, Schreien, ich habe einen Moment Sorge, er schmeißt tatsächlich die Klarinette durchs Wohnzimmer. Aber es bleibt beim Toben, bei Kraftausdrücken, Fußstampfen. Das Übliche.

Ich drehe mich ihm nach einem kleinen Weilchen zu und frage ganz ruhig: „Hm, willst du jetzt wieder ein-steigen, aus-steigen oder durch-steigen?“

Über sein Gesicht huscht ein Grinsen. Er mag Sprachspielereien, flachst selber häufiger auf dieser Ebene herum. Ich spüre förmlich, wie die wütende Starre sich ein bisschen löst. Er steigt auf das humorvolle Angebot der Sprachflachserei ein. Nach ein bisschen Hin- und Hergeplänkel ist er tatsächlich bereit, sein Instrument wieder anzusetzen und wir spielen eine Weile weiter, recht konzentriert und mit Bedacht. Die Situation und die Stimmung des weiteren Tages sind gerettet.

Sonst habe ich oft den Klavierdeckel zugeknallt und meinerseits gebrüllt. Am Ende waren Frust, Enttäuschung und schlechte Laune die Folge.

Vom Halt geben, Schmusen, Rangeln und Toben

Wir sollten sensibel mit Körperkontakt umgehen. Manche Kinder schmusen gern, andere machen sich steif, wenn wir sie in den Arm nehmen wollen. Sie erfahren Ermutigung eher durch das liebevolle Anlächeln über den Spielplatz hinweg.

Manchmal ist das Bedürfnis nach Streicheleinheiten bei den Müttern größer als bei den Kindern. Manchmal sind die Kinder einfach zu versunken ins Spiel, als dass sie jetzt kuscheln möchten. Sie dann zu stören, wäre respektlos.

Trotzdem: Körperkontakt ist ein wichtiger Bestandteil des Ermutigungsrepertoires.

Das kleine Kind, das uns beim Telefonieren stört, auf den Schoß zu nehmen, signalisiert, dass wir es nicht vergessen haben. Dem älteren Bruder, der sich sehr über den Kleineren geärgert hat, tröstend den Arm um die Schultern zu legen, bedeutet mehr, als ihm zu erklären, dass der Kleine „das noch nicht versteht“. Im Grundschulalter brauchen Jungen den Körperkontakt untereinander und mit den Vätern. Sie rangeln und raufen gerne, messen ihre Kräfte, wie heranwachsende junge Wölfe oder Löwen.

Auch Heranwachsende können wir mit sorgfältigem über den Rücken streichen, Hinterkopf kraulen oder Füße massieren oft leichter erreichen als mit Worten. Aber bitte: Fingerspitzengefühl walten lassen.

Die Übungsaufgabe heißt hier:
Körperkontakt herstellen

123 Trösten statt reden

Ich arbeite in der Küche. Mein Sohn Simon (11) kommt zu mir und ist sichtlich verärgert. Er beklagt sich über seinen Handballtrainer, von dem er sich nicht genügend beachtet und nachteilig behandelt fühlt.

Ich wende mich ihm zu und lege meine Hand auf seine Schulter.

Ich kann spüren, wie sich seine körperliche Anspannung etwas löst. Er schimpft noch ein bisschen und ich brauche nicht viel zu sagen. Ich bin einfach da, halte den Körperkontakt und nehme ihn ernst. Als er seine Arme um mich schlingt und sich an mich lehnt, merke ich, dass ihm das gut tut. Ich setze mich auf einen Stuhl, der neben uns steht, er hält mich weiter umschlungen und drückt sich an mich. Ich halte ihn und kraule ihm den Rücken.

Ich spüre, wie er diese Nähe genießt, und auch mir tut es gut, ihn so zu halten und sein Vertrauen zu spüren. So oft kommt es ja nicht mehr vor, dass er diese Nähe sucht.

Ich bin zufrieden mit mir, weil ich mir ohne zu zögern die Zeit für ihn genommen habe. Ich merke, dass das auch unserer Beziehung gut bekommt.

124 Gemeinsam lernen

Daniel (11) steht vor einer Mathematikarbeit. Wir beide sind am Vortag verabredet, um uns alles noch einmal anzusehen. Ich nehme mir einen Hocker und setze mich mit vor seinen Schreibtisch. Das Thema ist Bruchrechnen rauf und runter, ich bin geplättet über die Textaufgaben und mache auch kein Hehl daraus. Mathematik war nie meine Stärke.

Daniel legt los mit Übungsaufgaben, in unglaublicher Schnelligkeit löst er sie.

Ich fahre ihm mit der Hand über den Rücken und sage: „Meine Güte, was bist du flott! So schnell kann ich das nicht, warte auf mich mit den Lösungen." Er ist ganz geduldig.

Die Textaufgaben sind, wie erwartet, noch happiger. An einer haken wir beide fest. Mein Sohn tüftelt, ich tüftele. Plötzlich hat er das Ergebnis durch Ausprobieren. Ich bin wieder platt und gerührt zugleich, streiche ihm liebevoll über den Rücken. Er lässt es ohne Abschütteln geschehen. Wir suchen jeder für sich weiter die richtige Gleichung zum Ergebnis. Es ist ein gleichwertiges Tüfteln und sich Austauschen. Schließlich verschieben wir diese Aufgabe auf später.

Andere Aufgaben löst er wieder sicher und unglaublich fix. Am Ende drücke ich ihn noch mal und sage: „Du hast das Prinzip vollkommen verstanden und bist gut vorbereitet. Was auch immer jetzt bei rumkommt, ist okay." (Er neigt zu Flüchtigkeitsfehlern).

Mein Sohn zieht sich noch aufs stille Örtchen zurück, ehe er zum Fußballtraining fährt. Vom Örtchen tönt es immer lauter und kraftvoller ‚Feliz Navidad'... Er, der sonst oft mit leiser Stimme piepst, fühlt sich offensichtlich wohl und sicher.

Das ‚Üben' war kein Stress, ich konnte ihm Körpernähe aus ehrlicher Zuneigung und sogar Bewunderung für sein Können geben und mein langsameres Können offen zeigen. Auch kam keinerlei Spannung zwischen uns auf, wie früher oft beim Üben, wenn *er* an mich ranrückte, ich dies aber nicht wollte, weil ich angespannt war ihm gegenüber. Ich bin glücklich über die Gelöstheit des Kindes trotz der Leistungsanforderungen.

125 Den Kaktus streicheln

Mein Sohn Malte (16) geht durch eine schwierige Phase. Er geht auf eine Ganztagsschule, hat also einen anderen Tagesrhythmus als seine beiden jüngeren Schwestern und ich. Gemeinsame Mahlzeiten sind selten, auch abends verschwindet er oft zu Freunden. An Wochenenden steht er viel später auf als wir. Wir entfremden uns zusehends. Seine ständige schlechte Laune macht uns allen zu schaffen. Vieles an seinem Verhalten missfällt mir, aber meine Bitten, Vorhaltungen und Versuche, auf das Einhalten von Regeln zu bestehen, sind nicht erfolgreich. Manchmal habe ich den Eindruck, dass meine Worte ihn überhaupt nicht erreichen.

Heute, am Sonntagnachmittag, sitzt er vor dem Fernseher, nicht ansprechbar. Ich stelle mich hinter ihn, und streiche ihm ganz vorsichtig über das Haar. Er wehrt sich nicht, also werde ich mutiger, und streichle kräftiger, am Ende kraule ich wortlos seinen Nacken. Er sagt auch kein Wort, aber scheint sich zu entspannen. Schließlich höre ich auf, weil ich im Garten zu tun habe. Für den Rest des Tages ist er umgänglich und freundlich, nimmt am Abendbrot teil und geht einfühlsam auf seine Schwestern ein.

126 Eifersucht

Wir sitzen beim Abendessen und es geht, wie so oft, um die kleinen Hausarbeiten, die unsere beiden Kinder Leo (13) und Marina (15) zu erledigen haben. Jeder ist dabei natürlich benachteiligt. Es geht hin und her, bis Leo sagt: „Ich sehe gar nicht ein, dass ich immer mehr arbeiten muss, nur weil die Marina immer bei ihren Hausaufgaben trödelt." Jetzt ist sie beleidigt und sagt: „Ich hab' vielleicht auch mehr Schulaufgaben auf als du!" Mein Mann gibt unserem Sohn vorsichtig recht – und da ist es ganz aus: Voller Wut rennt sie aus dem Zimmer und knallt die Tür zu. Ich spüre schon, dass dieser Streit nur Anlass, aber nicht Ursache ihres Verhaltens ist.

Nach ein paar Minuten gehe ich zu ihr in ihr Zimmer. Sie sitzt verweint und wütend auf ihrem Bett. Ich will sie in die Arme schließen. Doch sie wehrt kratzbürstig ab. Meine Gesprächsversuche würgt sie ebenfalls ab. Ich setze mich trotzdem neben sie und beginne nach einiger Zeit, ihren Rücken zu streicheln. Schließlich platzt es aus ihr heraus: „Ihr habt den Leo sowieso lieber als mich!"

Jetzt fällt sie ganz in sich zusammen, weint und schluchzt. Nun kann ich sie in die Arme schließen und wiegen und trösten. Ich sage ihr, wie lieb ich sie habe, und dass sie in Ordnung ist, wie sie ist. Langsam beginnt sie sich zu beruhigen. Schließlich fängt sie an, über ihre Schwierigkeiten in der Schule zu erzählen und alles, was sie in diesem Zusammenhang belastet.

Es entwickelte sich ein gutes Gespräch, das sicher so nicht stattgefunden hätte, wenn ich ihr den Halt nicht gegeben hätte.

Abends, beim Zubettgehen, flüstert sie mir ins Ohr: „Mama, du bist die beste Mama auf der ganzen Welt!" Was will ich mehr?

Lassen Sie sich anstecken!

Auch Begeisterung gehört zu den Beziehungsqualitäten, die man üben kann. Wenn wir unsere Kinder spüren lassen, dass wir ihre Begeisterung für ein Thema oder eine Aktivität teilen, dass wir uns mit ihnen freuen und mit ihnen begeistern können, fühlen sie sich in ihrer ganzen Person und ihrem ganzen Wesen angenommen. Unsere Begeisterung teilt sich mit. Damit fördern wir die Entwicklung des Kindes und motivieren es weiterzumachen. Was es z.B. beim Sammeln von Karten oder Figuren lernt (die wir vielleicht gar nicht mögen), lässt sich später übertragen auf das Sammeln von Fakten und Daten aus dem Internet für die Schule. Was es beim Ausprobieren mit Opas Werkzeug lernt, lässt sich später übertragen auf das Aufstellen von Schränken und Reparieren von Rasenmähern.

Die Übungsaufgabe heißt hier:
Begeisterung teilen

127 Sohn als Lehrmeister

Zu Weihnachten hat Sven (11) eine Dekupiersäge bekommen mit Material und Anleitungen dazu. Aus Sicherheitsgründen wollen wir anfänglich beim Arbeiten dabei sein. Mein Mann hat noch Urlaub und nimmt sich des Unternehmens an. Er und unser Sohn verschwinden lange auf dem Dachboden.

Als mein Mann wieder zum Dienst ist, kommt Sven auf mich zu, ob ich mal mitmache. Pflichtbewusst verspreche ich, um zwei nachmittags Zeit zu haben und nach oben zu kommen. Innerlich überlege ich, was ich in der Zeit eigentlich alles ‚Sinnvolles' und ‚Wichtiges' machen könnte.

Ich werde von Sven eingewiesen, habe die Säge auf Anweisung an- und auszuschalten und den Sägestaub wegzusaugen. Nach kurzer Zeit bin ich völlig in den Bann geschlagen von der Säge einerseits und Svens souveränem Arbeiten andererseits. Ich bin wirklich begeistert, fühle mich wohl auf dem Dachboden und mache engagiert mit. Ich schaue nicht auf die Uhr. Unser Arbeiten geht friedlich Hand in Hand.

Schließlich kommen noch Aufgaben, die ich noch nie gemacht habe. Da ich ablehne, mit dem elektrischen Bohrer Löcher ins Holz zu bohren, versucht Sven es mit dem Handbohrer. Als seine Kraft nicht reicht, bin ich dran. Es geht leicht für mich, wir staunen und haben Spaß. Manchmal allerdings rutsche ich ab und mache eine Macke ins Holz, dann lachen wir, sind überhaupt nicht ärgerlich.

Am Ende spannen wir noch mit vereinten Kräften ein Sägeblatt in die Handlaubsäge ein, er als Routinier, ich zum ersten Mal. Als wir es glücklich geschafft haben und uns voller Stolz anschauen, reißt das Sägeblatt beim Hinlegen der Säge. Ohh! Wir lachen, das Arbeiten zusammen hat viel zu viel Spaß gemacht, als dass wir jetzt sauer sein könnten.

Als ich endlich weg muss wegen eines Termins, tut es mir richtig leid, runter zu gehen. Es war eine erfüllte schöne Zeit zusammen. Ich habe zum ersten Mal solche Arbeiten gemacht. Ich nehme eine wunderbare Stimmung mit, die den ganzen Tag anhält, und mein Vertrauen in Sven ist wieder um vieles gewachsen. Sein sonst oft verbissenes und sehr ehrgeiziges Tun ist diesmal durch mein begeistertes Mittun gelöst und fröhlich gewesen.

128 Mitmachen ist toll

Wir besuchen in den Ferien mit der ganzen Familie eine Ausstellung. Jannes (11) mag keine Besichtigungen, Fynn (9) hingegen ist interessiert an vielem, vor allem Naturwissenschaftlichem.

Hier handelt es sich um eine ‚interaktive' Ausstellung zu den Themen Kosmos, Erde, Mensch. Wir sind schnell in den Bann geschlagen. Ich selbst, naturwissenschaftlich recht unterbelichtet, beobachte Jannes skeptisch, der wie üblich in abwartender Körperhaltung (‚mit mir hat das hier nichts zu tun') an den einzelnen Stationen innehält, bis die anderen fertig sind, und dann mit weitertrottet.

Ich beschließe bewusst selbst vieles zu machen, auszuprobieren. Beim Tun kommt die Begeisterung von allein. Am schönsten finde ich es, Scheiben auf einer schnell rotierenden Unterlage in Eigenbewegung zu versetzen, damit sie sich in einer Art Umlaufbahn halten können. Ich probiere immer wieder, es ist schwierig. Jannes probiert auch, fängt Feuer, probiert mit Hingabe.

Dann kommen Experimente zu Statik, zu Balance. Kaum probiert einer von uns dreien etwas aus, kommt er: „Kann ich auch mal?" und drängt sich dazwischen. Ich übersehe sein Drängeln und freue mich an seiner Begeisterung.

Am Ende sind wir fünf Stunden beschäftigt gewesen und staunen. Wir hätten nicht gedacht, dass wir so lange in einer Ausstellung bleiben würden.

Ich selbst habe wieder einmal erlebt, wie bei mir das sich wirklich Einlassen und Mitmachen Begeisterung, Interesse, Faszination auslöst. Und ich habe wieder gesehen, wie mein Vorbild auch einen anderen mitzieht. Früher hätte ich Jannes selbst das Beispiel des daneben Stehens und Abwartens gegeben.

129 Muttertag

Es ist Muttertag. Ich wache auf und schaue aus dem Fenster. Immer noch graues Wetter! Na gut. Ich öffne die Tür zum Bad, um mich fertig zu machen. Da hängt in Augenhöhe ein hübsch verziertes Blatt mit der Aufschrift: Guten Morgen – Alles Gute zum Muttertag! Mit kringeligen bunten Geschenkbändern ist es an beiden Seiten des Raumes befestigt. Ich bin so freudig überrascht, dass ich laut auflache. Ich rufe meinen Freund, um es ihm zu zeigen. Als ich mich dann waschen will, ruft er: „Und der Frühstückstisch ist auch schon gedeckt!" Das muss ich mir vor dem Waschen noch ansehen. Der Tisch ist mit dem Sonntagsgeschirr und Servietten schön gedeckt. Auf meinem Platz liegen Blümchen und daneben das Beste: ‚26 Eigenschaften von A-Z, die ich toll an dir finde', lautet die Überschrift.

Ich bin ganz gerührt und wirklich begeistert. Ich stürme die Treppe hoch in das Zimmer meiner Tochter Gunda (15), nehme sie in die Arme, drücke und küsse sie und bedanke mich.

Sie freut sich auch, dass sie offensichtlich das Richtige getroffen hat. Wir sind in unserer Familie nicht verschwenderisch mit Umarmen, aber in den nächsten zwei Tagen tut sie das noch zweimal spontan.

130 Teamarbeit am PC

Aufgrund schlechter Erfahrungen bei Vorträgen mit Powerpoint-Präsentationen stehe ich diesem PC-Programm sehr skeptisch gegenüber. Jetzt hat unser Moritz (16) im Fach Geschichte die Aufgabe, in einer Arbeitsgruppe mit einem Freund eine solche interaktive Präsentation zu entwickeln.

Am Abend lädt er mich ein, mir das Ganze mal anzuschauen. Mit ‚gezogener Bremse' setze ich mich neben ihn vor den PC. Er will überprüfen, ob alles richtig funktioniert und bittet mich, den Anweisungen auf dem Bildschirm zu folgen. Ich tue mich schwer und brauche Zeit.

Aber langsam gewinne ich Interesse und Freude an der Sache. Auf einmal aktiviere ich einen Button und Musik ertönt. Ich bin völlig platt und inzwischen aufrichtig begeistert. „Das ist ja toll!" Ich habe Feuer gefangen und fachsimpele mit ihm: „Was meinst du, wäre es nicht gut, wenn man nicht nur diese Nationalhymne hört, sondern auch den Text dazu lesen könnte?" Moritz ist sofort von der Idee angetan und will das mit seinem Freund zusammen arrangieren. Am Ende bewege ich mich relativ sicher auf der Oberfläche und habe das Prinzip verstanden. Meine Begeisterung macht sich Luft in „toll“ und „klasse“ und geduldigem Suchen nach Fehlern im Text, wofür Moritz sehr dankbar ist. Ich freue mich, auch etwas beitragen zu können. Wir bilden ein richtiges ‚Arbeitsteam‘. Ich spüre, dass meine echte ungespielte Begeisterung (die ja aus Ablehnung gewachsen ist!) sich ihm mitgeteilt hat. In dieser halben Stunde ist ein Gefühl von Nähe und Gemeinsamkeit zwischen uns entstanden. Später schwärme ich meinem Mann gegenüber von dem Projekt und die Stimmung des ganzen Abends ist irgendwie ‚gehoben‘.

Wo jeder gehört wird – Familienrat

„Zu unseren Kindern reden bedeutet, ihnen zu sagen, wie wir alle Dinge getan haben wollen. Mit unseren Kindern reden heißt, zusammen nach Lösungen zu suchen, was getan werden kann, um ein Problem zu meistern oder eine Situation zu verbessern.“
(Dreikurs)

Der Familienrat ist ein wunderbares, wichtiges Instrument, um mit Kindern gleichwertigen Umgang einzuüben, sie zum **Mitdenken**, **Mithelfen** und **Beitragen** anzuregen, und sie früh an die Tatsache heranzuführen, dass eine Familie eine Gemeinschaft ist, für deren Qualität alle, nicht nur die Eltern, Verantwortung tragen.

Im Familienrat besprechen wir alle Dinge, über die die Eltern nicht allein entscheiden wollen oder müssen. In der **Einführungsphase** ist es klug, nur über **positiv besetzte Themen** zu beraten.

Allerdings:

Hier geben die Eltern ein Stück Kontrolle ab. Im Familienrat hat jedes Mitglied eine Stimme, Eltern können also überstimmt werden. Es mag den Eltern nicht schmecken, eine Woche lang

jeden Tag Spaghetti mit Ketchup zu essen. Wenn sie es durchhalten, werden die Kinder eine wertvolle Erfahrung gemacht haben, und diese Entscheidung selber revidieren wollen.
Wie gehen wir vor?

Atmosphäre:

Der Familienrat kann nur gelingen, wenn er in einer guten Atmosphäre stattfindet. Deswegen fangen wir mit etwas Schönem an, z. B. einer **Ermutigungsrunde** – eine Runde, in der jedes Familienmitglied den anderen etwas Nettes sagt, wie:

„Danke, dass du für mich abgewaschen hast."
„Ich finde es schön, dass du mir bei den Matheaufgaben geholfen hast."
„Mir ist aufgefallen, dass ihr beide heute friedlich gespielt habt."
In diese Runde soll keine noch so versteckte Kritik oder pädagogische Absicht einfließen. Alle sollen sich gut fühlen!

Vorsitz:

Es ist hilfreich, wenn ein Familienmitglied darauf achtet, dass alle zu Wort kommen, dass jeder ausreden darf, dass keiner ausgelacht wird. Dafür ist ein Vorsitzender oder eine Vorsitzende verantwortlich. Nach einer Phase des Einübens können auch Kinder diese Rolle gut übernehmen.

Schriftführer:

Entscheidungen des Familienrats werden aufgeschrieben, damit die Familie bei Streitigkeiten nachsehen kann, was wirklich beschlossen wurde. Dafür ist ein Familienratbuch nützlich, so geht nichts verloren. Es ist ein spannendes Dokument für die Entwicklung der Familie! Auch die Rolle des Schriftführers können Kinder, die schreiben können, übernehmen.

Regelmäßigkeit

Jede Woche – oder alle 14 Tage – zur selben Zeit am selben Tag. Das mag nicht leicht sein, aber wenn die Eltern den Familienrat ernst nehmen und auf Regelmäßigkeit bestehen, werden die Kinder das später auch tun.

Dauer: Je nach Alter der Kinder eine viertel bis eine halbe Stunde.

Keine Ablenkung:
Das Telefon für die Zeit des Familienrats bitte klingeln lassen! Wenn ein Elternteil ans Telefon geht und sich eine halbe Stunde angeregt unterhält, während der Rest der Familie darauf wartet, dass es weitergeht, werden die halbwüchsigen Kinder das später auch machen, wenn ihre Freunde anrufen.

Auf dem Sofa oder um den Tisch?
Die Erfahrung zeigt, dass Chips und Cola am Couchtisch ablenkend wirken (Streit um das umgekippte Glas und den letzten Chip), während um den Tisch sitzen die ‚Arbeitsatmosphäre' fördert.

Was ist sonst noch wichtig?
Kein Mitglied der Familie soll sich ausgegrenzt, ausgelacht oder verunglimpft fühlen. Deshalb achten alle darauf, nicht mit den Augen zu rollen (hier ist der freundliche, offene Blick ganz besonders wichtig!), nicht ‚Ach was du immer hast' oder ähnliche Ausdrücke zu benutzen. Die Atmosphäre ist eine der Gleichwertigkeit. Jeder hat das Recht, seine Meinung zu äußern, auch das jüngste Kind. Jede Meinung wird ernst genommen. Das fällt Eltern (und älteren Geschwistern) manchmal sehr schwer, sind wir doch gewohnt, zu bewerten und sofort Entscheidungen zu fällen, was umsetzbar ist und was nicht!
Deshalb spricht jedes Familienmitglied seine Meinung und seine Gefühle aus (Ich-Botschaften), und alles, was gesagt wurde, bleibt unkommentiert stehen.

Was wird beraten?
Wie feiern wir den bevorstehenden Kindergeburtstag? Wer wird

eingeladen? Wer zeichnet die Einladungen? Was soll es zu essen geben? Wann kommen die Kinder? Was wird gespielt?

Hier können schon die Kleinsten mitreden, und bei einem solchen Thema entwickeln alle Kinder Kreativität. Wenn die Geschwister mitreden und auch mit Verantwortung übernehmen können, indem sie Spiele vorschlagen und vielleicht sogar leiten, entfällt auch viel der Eifersucht, die die ‚Nicht-Geburtstagskinder' oft quält.

Oder: Wie feiern wir Omas Geburtstag? Fahren wir alle hin? Was schenken wir? Was brauchen wir für die Fahrt? Wer ist verantwortlich für die Trinkflaschen, Babys Schnuller, die Kassetten oder CDs, die die Fahrt unterhaltsam machen, das Spielzeug, das die Kinder da brauchen? Wer nimmt das Hundefutter und die Wasserschale mit? Wer versorgt die Katze, die zuhause bleibt?

Wir können mit den Kindern besprechen, an was alles gedacht werden muss.

Oder: Was steht in der kommenden Woche alles an? Welche Termine müssen koordiniert werden? Was wollen wir essen? Wer kauft dafür ein? Was machen wir am Wochenende, nachdem die Dinge erledigt sind, die wir tun müssen?

Später, wenn der Familienrat gut eingeführt ist und alle wissen, wie es geht, können auch Probleme besprochen werden.

Spätestens dann brauchen wir eine Themensammlung. Vieles ergibt sich aus der Woche. **‚Bring es in den Familienrat'** kann für Eltern eine Hilfe sein, die von Kindern in den Streit mit den Geschwistern eingespannt werden; aber auch Themen wie vergessene Turnbeutel, ungewaschene Brotdosen, die Organisation der Hausaufgaben können im Familienrat besprochen werden.

Auf einem Plakat oder Blatt Papier an der Küchentür können Themen gesammelt werden. Hier können vor allem auch gute Sachen aufgeschrieben und es kann Anerkennung ausgesprochen werden: ‚Danke für das Abwaschen'; ‚Elisa hat heute ganz allein ihr Zimmer aufgeräumt'. So wird ein **‚Mut-Zettel'** draus.

Wer ist an die Beschlüsse gebunden?

Alle, auch die Eltern! Wenn der Familienrat beschließt, dass alles, was um acht Uhr abends noch im Wohnzimmer herumliegt und da nicht hingehört, in einer Kiste aufbewahrt wird und erst beim nächsten Familienrat zurückgegeben wird, so gilt das auch für die Dinge, die Eltern haben liegen lassen! Eltern sind gut beraten, sich dieser Regel zu beugen, da sie sonst ihre Glaubwürdigkeit verlieren.

Was tun, wenn Beschlüsse nicht eingehalten werden?

Das Thema wird im nächsten Familienrat wieder besprochen, diesmal werden die logischen Folgen mitbesprochen. (Bitte führen Sie logische Folgen nicht vorbeugend ein. Gehen Sie davon aus, dass die Beschlüsse eingehalten werden!)

Lassen Sie sich nicht entmutigen, wenn es nicht sofort funktioniert! Auch Familienräte brauchen Zeit, und nicht jeder ist ein Erfolg. Wichtig ist es, dass die Familie über die Dinge spricht. Nicht immer wird eine Lösung gefunden werden, aber manches löst sich, einfach weil darüber gesprochen wurde.

Die Übungsaufgabe heißt hier:
Familienrat praktizieren

131 Spielzeugtausch und Zündeln

Seit ein paar Monaten halten wir regelmäßig unseren Familienrat ab. Wir vier sitzen am Sonntagmorgen um den Esstisch, haben etwas zu trinken vor uns und machen uns eine Kerze an. Oliver (fast 5) holt zu Beginn unser Familienrat-Buch und wir schauen gemeinsam, wer heute welches Amt übernimmt. Vorsitzender ist turnusgemäß mein Mann, Protokoll schreibe heute ich; alle sind damit einverstanden (auch Oliver darf Vorsitzender sein, nur Nadine (2) übernimmt noch kein Amt).

So fragt mein Mann Oliver, ob er den Familienrat ‚aufschließen' möchte. In den ersten Wochen amüsierte er sich über den Begriff ‚abschließen' am Ende und drehte seine Hand so in der Luft, wie man einen Schlüssel im Schloss dreht. Wir übernahmen diese fröhliche Geste für Beginn und Abschluss unseres Treffens.

Die nächsten zwei Punkte sind immer gleich und tun uns sehr gut. In der **Ermutigungsrunde** kann jeder den anderen etwas Ermutigendes sagen. Dieses Mal hört Nadine beim Nennen ihres Namens sehr aufmerksam zu und freut sich über Olivers Kompliment zu ihrer verbesserten Sprache. Es ist absolut umwerfend, wie gut Oliver beobachten und ermutigen kann und Nadine sich meldet, um ‚Danke' zu sagen oder sich über die Worte freut. Dann lesen wir den **Mut-Zettel** vor. Auch diese Ermutigungen tun uns allen sehr gut. Mein Mann und ich haben uns angewöhnt, immer den drei anderen etwas Liebes zu sagen.

Dann lese ich das **Protokoll** der letzten Sitzung vor, wir sammeln anstehende Themen und schauen auf unseren ‚Mut-Zettel'. In der vergangenen Woche sind Anerkennungen für die Kinder und eine gemalte Kerze (als Gedankenstütze) dazu gekommen.

Oliver meldet sich, wird von mir aufgerufen und bringt den Wunsch nach einem Spielzeug-Tausch vor. Wir beraten uns alle kurz, was dafür weg kommen soll und stimmen dann ab. Der Tausch: ‚Legos hoch, Autos runter in den Innenkeller' wird einstimmig angenommen. Wir fassen unsere Beschlüsse immer einstimmig oder vertagen den Punkt; uns geht es damit bisher sehr gut.

Dann kommt der ‚Mut-Zettel' zum Zug, in dem wir eine kleine Ecke abgetrennt hatten (beschlossen in einem vorigen Familienrat), in der wir nur Themen für die nächste Sitzung sammeln wollten. Dort hatte ich eine Kerze hingemalt, da mir aufgefallen war, dass sich Oliver ohne zu fragen ein langes Feuerzeug geholt und eine Kerze angezündet hatte. So reden wir darüber, wie wir mit Feuer, Kerzen und Streichhölzern umgehen wollen. Mein Mann schlägt vor, dass die Kinder das gerne selbst tun dürfen, aber nur, wenn ein Erwachsener im Raum ist. Das wird einstimmig angenommen.

Nun werden die Kinder langsam unruhig. Nadine hat sich bereits etwas zu spielen geholt, so dass ich als Vorsitzende nach noch offenen Punkten frage. Es gibt keine mehr. Oliver schließt auf unser Bitten den Familienrat nach 20 Minuten ab.

Wir sind danach alle sehr gut gelaunt, räumen sofort das Spielzeug um und lachen viel gemeinsam.

132 Familienrat, wie geht das?

Am Sonntagmorgen beim Frühstück erzähle ich Mathis ($6^1/_2$) und Pascal ($3^1/_2$), dass wir heute nach dem Mittagessen einen Familienrat machen werden. Mathis fragt gleich begeistert, wie das funktioniert. Ich erkläre ihm, dass wir im Familienrat gemeinsam über Dinge sprechen und entscheiden werden, dass jeder seine Meinung dazu sagen und Vorschläge einbringen kann, dass wir eine Ermutigungsrunde machen werden oder ein Lied singen, das kann er sich aussuchen. Seine Augen fangen an zu leuchten. Er fragt ganz ungeduldig, wann es endlich losgeht. Pascal ist noch etwas unbeteiligt.

Nach dem Essen ist es dann endlich soweit. Ich hole unser neues Familienratbuch, wir setzen uns alle an den Esstisch. Ich erkläre allen, wie es jetzt weitergeht, dass wir einen Schriftführer und einen Vorsitzenden wählen müssen. Mathis ruft begeistert: „Ich möchte der **Schriftführer** sein, ich kann ja schon vieles schreiben (er ist erst seit einem halben Jahr in der Schule) und was ich nicht schreiben kann, könnt ihr mir ja zeigen.“ Wir sind alle einverstanden. Stolz schreibt er den Tag, Datum und wer Schriftführer ist in das Buch ein.

Nächste Frage ist, wer soll der Vorsitzende sein? Ich melde mich, wie in der Schule, dann sagt Mathis: „Mama soll der Vorsitzende sein“. Alle sind einverstanden. Ich habe einen Sprechstein in die Mitte gelegt, aber anscheinend klappt es mit dem Finger hoch strecken besser.

Ich frage: „Wollt ihr jetzt lieber eine **Ermutigungsrunde** (ich habe vorher erklärt, was eine Ermutigungsrunde ist), oder wollt ihr lieber ein **Lied singen**?“ Beide Kinder rufen: „Wir wollen lieber ein Lied singen!" „Lasst uns froh und munter sein", sagt Mathis. Auch hier sind wir alle einverstanden. Mathis trägt noch erst das Lied in das Buch ein. Dann singen wir gemeinsam, selbst mein Mann, der normalerweise nie singt, singt mit. Ich freue mich sehr darüber.

Als Thema nehmen wir den Weihnachtsmarkt. Ich mache den Vorschlag, an welchem Wochenende wir gehen könnten. Einstimmig schließen wir ab. Mathis trägt noch das Datum ein, dann beenden wir den Familienrat. „Beim nächsten Mal bin ich wieder Schriftführer", beschließt Mathis gleich. Pascal hat noch nicht viel dazu gesagt. Der Familienrat hat etwa 15 Minuten gedauert, diese Zeit war genau richtig, länger hätte es nicht sein dürfen.

Es ist ein gutes Gefühl, nicht als Eltern alleine zu bestimmen, was wir unternehmen können. Dieses in der Gemeinschaft Beschlossene lässt uns als Familie näher zusammen rücken.

133 Überraschende Lösung

Zwei Wochen sind seit dem ersten Familienrat vergangen. Mathis ($6^1/_2$) konnte es nicht mehr abwarten, ihm gefällt der Familienrat sehr gut.

Es ist wieder Sonntagmittag nach dem Essen. Er holt schon das **Familienratbuch**. Dieses Mal setzen wir uns an den Wohnzimmertisch. Die Atmosphäre ist sehr gemütlich mit Adventskranz und Kerze. Heute wird der Papa zum Vorsitzenden gewählt.

Er fragt: „Was machen wir heute zur Einstimmung?" Mathis möchte, dass wir ein Buch vorlesen. Pascal ($3^1/_2$) ist von dieser Idee auch angetan. Nach dem Vorlesen fragt mein Mann: „Welches Thema besprechen wir heute?" Ich habe mir vorher schon ein paar Gedanken gemacht, falls den Kindern kein Thema einfällt. Wir warten einen Moment, den Kindern fällt nichts ein, also melde ich mich und schlage vor, über Piets Geschenk (ein Freund von Mathis, der nächsten Sonntag Geburtstag hat) nachzudenken. Mein Mann fragt: „Hat jemand von Euch ein Idee, was wir Piet schenken könnten?" Mathis meldet sich: „Wir könnten ihm ein

Raumschiff kaufen." Darauf mein Mann: „Ja, das ist eine gute Idee und ich könnte es gleich morgen in der Stadt besorgen." Wir stimmen alle zu, auch Pascal ($3^1/_2$) ruft: „Ja super". Ich glaube zwar nicht, dass er wirklich weiß, um was es geht, er hat nur unsere Begeisterung gespürt und mitgemacht.

Für mich war das großartig. Ich kümmere mich sonst immer selbst um die Geschenke. Es ist ein gutes Gefühl, mehr Verantwortung an die Gemeinschaft abzugeben, und zu erfahren, wie schnell dieses Problem (für mich ist es jedes Mal eins) gelöst war. Nach einer **Viertelstunde** haben wir den Familienrat beendet.

134 Keine Einigung möglich

An diesem Wochenende sind die Enkel Alice (8), Jona (8) und Ellen (5) zu Besuch. Ein Kind will auf den Spielplatz gehen, das andere ein Spiel spielen, und das dritte ist sauer. Nette Konstellation. Jetzt fällt mir der Familienrat ein. „Wisst ihr was, Kinder, wir spielen ein ganz neues Spiel, den ‚Familienrat', sage ich. Sie werden neugierig, setzten sich mit an den Tisch und hören meinen Erklärungen aufmerksam zu.

Wir würfeln den Protokollführer zwischen Alice und Jona aus, weil sie schon schreiben können. Ellen ist's zufrieden. Den Vorsitz behalte ich. Eine Uhr stelle ich auf, damit sie alle die **gleiche Redezeit** bekommen, denn das ist im Moment wichtig.

Wir diskutieren über das aktuelle Problem. Natürlich sind sie nicht diszipliniert, es geht hitzig her, und ich darf die Einhaltung der Redezeit anmahnen. Ellen steht ihrem Bruder bei. 10 Minuten sind vergangen, und die kleinen Individualisten einigen sich nicht. Nun mache ich einen Vorschlag, nämlich eine halbe Stunde KIKA im Fernsehen gucken und anschließend gemeinsam auf den Spielplatz gehen. Das wird sofort einstimmig angenommen. Jona schreibt das Ergebnis in das Protokoll.

Mir ist bewusst, dass ich hier gelenkt habe, trotzdem tut es den Kindern gut. Es sind zaghafte Schritte hin zur ‚**Familiendemokratie**'. Die Kinder lernen über das Vorbild, ‚so könnte man es auch machen oder lösen'.

Die nächste Gelegenheit werde ich wieder zum Familienrat nutzen, weil er mir ebenfalls gut tut und Stress mit den Kindern abbaut.

135 Heiligabend mit Heranwachsenden

Es ist Zeit für die Weihnachtsplanung. Hubert (16), Marius (14) und Irene (12), mein Mann und ich setzen uns zusammen. Die Moderation übernehme ich wieder selbst, kündige aber an, dass zukünftig jeder einmal dieses Amt übernehmen kann, Schriftführer ist mein Mann.

Zunächst reflektieren wir über den Nikolausabend. Jeder hat reihum die Gelegenheit, sich dazu zu äußern, und wir stellen fest, dass die Beschlüsse in die Tat umgesetzt worden waren. So war der Nikolausabend auch für alle gut verlaufen. Irene bedauert allerdings, dass wir nicht genug Zeit gehabt haben, um miteinander zu spielen. Wir nehmen uns deshalb vor, in den Ferien Zeit für gemeinsame Spiele einzuplanen.

Für die Weihnachtsabendgestaltung sind 3 Fragen zu klären:

- Gehen wir gemeinsam zur Christmette und wann?
- Wie gestalten wir die Feier/Bescherung zu Hause?
- Was wollen wir essen?

Reihum äußern alle ihre Vorstellungen. Das geht ganz gut, die Kinder sind sichtlich bemüht, einander aussprechen zu lassen und gute Vorschläge zu machen.

Zum ersten Punkt gebe ich zuerst meine Vorstellungen in die Runde: nämlich, dass ich gerne zur Christmette gehen würde und es auch gerne mit der ganzen Familie tun würde, da wir an Weihnachten das Geburtsfest Christi feiern und wir uns auch der Kirchengemeinde zugehörig fühlen. Alle stimmen zu, um sieben Uhr den Weihnachtsabend mit dem Kirch-Besuch zu beginnen.

Danach wollen die Kinder gleich zu Punkt 2, der Bescherung, übergehen, ohne weitere Weihnachtslieder. Marius kündigt an, dieses Jahr keine Weihnachtslieder mehr auf dem Keyboard begleiten zu wollen. Für uns Erwachsene ist das in Ordnung so, da wir ja mit der Christmette eine ausgiebige Einstimmung haben werden.

Für das Essen gibt es zwei Vorschläge: ein traditionelles Weihnachtsmenü, wie die Kinder es seit vielen Jahren kennen oder (wie es sich Oma gewünscht hat, die mit uns feiern wird) ein gemütliches Raclette-Essen.

Der zweite Vorschlag kann einstimmig beschlossen werden, das traditionelle Blätterteigfilet wird kurzerhand auf den 2. Weihnachtstag verschoben.

Damit sind alle Punkte geklärt. Die Runde kann einvernehmlich geschlossen werden.

Der Weihnachtsabend war übrigens auffallend harmonisch. Die Bescherung erfolgte auf Irenes Vorschlag hin ‚altersgestaffelt', beginnend bei Oma. Alle nahmen Anteil und waren sehr geduldig, bis sie selber an die Reihe kamen. Die Kinder beschenkten sich auch gegenseitig und es war für uns schön zu sehen, wie sie miteinander umgingen.

Vielleicht hat ja auch die Erfahrung des gemeinsamen Planens ein bisschen damit zu tun.

136 Stressfreie Festplanung

Wir halten unseren ersten Familienrat ab, nachdem im Vorfeld anfänglich Skepsis („Was soll denn das bringen?", „Was wollen wir denn da besprechen?", „Ist doch nicht nötig, es läuft doch gut!") bei den vorgesehenen Teilnehmern zu bemerken ist. Nun sind unsere erwachsenen Kinder Norbert (18) und Susanne (21) mit Eifer bei der Sache, als sie merken, dass wir Eltern uns auch an die festen Regeln halten.

Vorsitz und Protokollführer werden bestimmt und dann die Themen vorgeschlagen. Die Sitzung entwickelt sich prächtig. Alle Themen (hauptsächlich der Ablauf und die Gestaltung des bevorstehenden ‚runden' Geburtstags mit einwöchigem Besuch meiner Eltern und meiner Schwester mit Mann und Kind) werden ernsthaft und gut durchdacht abgehandelt. Es sind erstaunlich viele einzelne Punkte zu besprechen. Mir fällt besonders auf, mit welcher Ruhe Vorschläge gemacht und angehört werden. Es ist für mich überraschend, dass der offizielle Charakter der Gesprächsrunde offensichtlich für einen angenehmen Ablauf sorgt. Ebenso fällt mir schon während des Familienrats auf, dass beim Auftauchen unterschiedlicher Meinungen und Vorstellungen die Kompromissbereitschaft bei allen groß ist. Ein wirklich zufriedenstellender Familienrat läuft ab.

Im Nachhinein ‚beschwert' sich Anne (17), die aus Zeitgründen nicht teilgenommen hat, dass sie auch gerne mitbestimmt hätte. Sie möchte beim nächsten Mal dabei sein, hält sich aber ‚brav' an die getroffenen Abmachungen. Ein weiterer positiver Aspekt beim schon vorher geregelten Fest ist, dass alle ihre Aufgaben ohne langwierige Diskussionen erfüllen, und wir deshalb mit unseren Vorbereitungen trotz der vielen Leute ohne Hetze und Stress früh fertig sind.

Wir danken

folgenden Encouraging-Eltern-Trainerinnen und -Trainern für ihre Berichte:

Marlene Baron
Erika Becker
Bettina Bittmann
Silvia Bürhaus
Christine Bungert
Michaela Fella
Christiane Fiebelkorn
Mechthild van Hauth
Gisela Kain
Maria Kaiser
Monika Klapp-Becker
Angelika Kupke
Ulrich Kupke
Katharina Leiding
Elisabeth Liebich
Annemie Mahlberg
Eva-Maria Mayr
Andrea Melzer
Meike Metz
Annette Müller
Stefanie Müller-Raß
Birgit Nacke ✝
Ingrid Neuper
Christine Nieswandt
Julia Riemenschneider
Zsusanna Sallak-Rose

Ingrid Schröter
Rita Stehle
Patricia Steimer
Helga Stücklberger
Bärbel Theis
Barbara Többen
Norbert Wagner
Ulla Weber-Lindenthal
Bettina Warnecke
Dr. Soheyla Warnung
Christine Wermter

Die Namen der Kinder wurden geändert.
Ihr Alter steht in Klammern.

Weiterführende Literatur

Blumenthal, M. und E.: Die Kunst der Ermutigung. Befreiung der besten Qualitäten in sich und anderen. Stuttgart, 2. Auflage 1998

Dalton, M.: ... Mutter sein dagegen sehr! Eine Geschichte vom ganz normalen Familienchaos. Freiburg 2000

Dreikurs, R.; Blumenthal, E.: Eltern und Kinder. Freunde oder Feinde? München 1994

Dreikurs, R.: Ermutigung an jedem Tag. Zuversicht für Eltern und Kinder. Freiburg 2002

Dreikurs, R.; Grey, L.: Kinder lernen aus den Folgen. Wie man sich Schimpfen und Strafen sparen kann. Freiburg 1991

Dreikurs, R.; Soltz, V.: Kinder fordern uns heraus. Wie erziehen wir sie zeitgemäß? Stuttgart 1981

Dreikurs, R.: Selbstbewusst. Die Psychologie eines Lebensgefühls. München 1995

Nelsen, J.: Kinder brauchen Ordnung. Praktische Grundsätze für die Erziehung. München 1991

Schoenaker, T.; Schoenaker, J.; Platt, J.: Die Kunst als Familie zu leben. Ein Erziehungsratgeber nach Rudolf Dreikurs. Freiburg 2000

Schoenaker, T.: Mut tut gut. Das Encouraging-Training. Sinntal 2001

Schoenaker, T., Hrsg.: Versteh mich doch! Väter und Mütter berichten vom Scheitern und der Aufarbeitung ihrer Eltern-Kind-Beziehung. Stuttgart 1993

Schoenaker, T.; Müller, E.; Platt, J.: Eltern & Lehrer für eine erfolgreiche Schulzeit. Ermutigung, Klassenrat, Hausaufgaben. Bocholt 2006

Veith, P.: Eltern nehmen Kinder ernst. Die 7-Schritte Methode zur Lösung von Familienkonflikten nach Rudolf Dreikurs. Freiburg 1998

Veith, P.: Eltern machen Kindern Mut. Zuhören, achten, verstehen lernen. Freiburg 1997
Verein für praktizierte Individualpsychologie, Hrsg.: Familienrat. Basis zeitgemäßer Erziehung, weniger Frust – mehr Freude. Sinntal 2001
Wichtmann, G.: Kinder brauchen Orientierung. Ein praktischer Ratgeber nach Maria Montessori. Freiburg 2000